MESSAGES
DE NOS DÉFUNTS
ET DE NOS
ANGES GARDIENS

LES ÉDITIONS LA SEMAINE
Charron Éditeur inc.
Une société de Québecor Média
955, rue Amherst
Montréal (Québec) H2L 3K4

www.editions-lasemaine.com

Directrice des éditions: Annie Tonneau
Coordonnateur des éditions: Jean-François Gosselin

Réviseures-correctrices: Andrée Laganière, Chantal Chevrier
Infographie et couverture: Echo international

L'éditeur ne partage pas nécessairement les opinions émises dans ce livre.

L'éditeur bénéficie du soutien de la Société de développement des entreprises
culturelles du Québec (SODEC) pour son programme d'édition.

Canadä

Nous reconnaissons l'aide financière du gouvernement du Canada par l'entremise
du Fonds du livre du Canada pour nos activités d'édition.

REMERCIEMENTS
Gouvernement du Québec (Québec) — Programme de crédit d'impôt pour
l'édition de livres — Gestion SODEC

© Charron Éditeur inc.
Dépôt légal: premier trimestre 2016
Bibliothèque et Archives nationales du Québec
Bibliothèque et Archives Canada

ISBN: 978-2-89703-345-3

Marylène COULOMBE

MESSAGES DE NOS DÉFUNTS ET DE NOS ANGES GARDIENS

Et si un être cher décédé
tentait de vous parler…

Une société de Québecor Média

DISTRIBUTEURS EXCLUSIFS

- Pour le Canada et les États-Unis :
MESSAGERIES ADP*
2315, rue de la Province
Longueuil (Québec) J4G 1G4
Tél. : 450 640-1237
Télécopieur : 450 674-6237

  * une division du Groupe Sogides inc.,
  filiale du Groupe Livre Québecor Média inc.

- Pour la France et les autres pays :
INTERFORUM editis
Immeuble Paryseine, 3, Allée de la Seine
94854 Ivry CEDEX
Tél. : 33 (0) 4 49 59 11 56/91
Télécopieur : 33 (0) 1 49 59 11 33

  Service commande France métropolitaine
  Tél. : 33 (0) 2 38 32 71 00
  Télécopieur : 33 (0) 2 38 32 71 28
  Internet : www.interforum.fr

  **Service commandes Export —
  DOM-TOM**
  Télécopieur : 33 (0) 2 38 32 78 86
  Internet : www.interforum.fr
  Courriel : cdes-export@interforum.fr

- Pour la Suisse :
INTERFORUM editis SUISSE
Case postale 69 — CH 1701 Fribourg — Suisse
Tél. : 41 (0) 26 460 80 60
Télécopieur : 41 (0) 26 460 80 68
Internet : www.interforumsuisse.ch
Courriel : office@interforumsuisse.ch

  Distributeur : OLF S.A.
  ZI. 3, Corminboeuf
  Case postale 1061 — CH 1701 Fribourg — Suisse

  Commandes : Tél. : 41 (0) 26 467 53 33
  Télécopieur : 41 (0) 26 467 54 66
  Internet : www.olf.ch
  Courriel : information@olf.ch

- Pour la Belgique et le Luxembourg :
INTERFORUM BENELUX S.A.
Fond Jean-Pâques, 6
B-1348 Louvain-La-Neuve
Tél. : 00 32 10 42 03 20
Télécopieur : 00 32 10 41 20 24

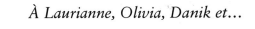

À Laurianne, Olivia, Danik et…

REMERCIEMENTS

Même avec la meilleure volonté du monde, un livre ne s'écrit jamais complètement seul.

En tout premier lieu, merci à tous ceux qui ont pris le temps de me faire parvenir des photos de leurs défunts, afin que je puisse canaliser les messages de ces derniers et les utiliser dans ce livre. Merci justement à toutes ces âmes qui m'ont accordé un peu de leur conscience afin de me transmettre ces merveilleuses communications et de me faire comprendre davantage le monde immatériel.

Je voudrais remercier mes fidèles lecteurs. Vous me suivez dans mes écrits depuis plusieurs années et me demandez souvent: « À quand votre prochain livre ? » Cela me touche beaucoup et me donne des ailes pour écrire. Vos commentaires sont toujours les bienvenus.

J'ai aussi des remerciements spéciaux à faire aux personnes qui me suivent et me soutiennent dans mes différentes activités. Sans vous, le plaisir d'écrire, d'enseigner, de partager mon vécu, de vous divertir ne serait pas le même. Vous êtes tous importants à mes yeux, peu importe où vous vous trouvez.

Merci à mon ange et à mes guides de m'avoir aidée dans la rédaction de ce livre. Je suis toujours en apprentissage de cette vie terrestre et de ce qui évolue tout près de nous dans le monde parallèle.

J'aimerais remercier chaleureusement tous ceux qui ont participé à l'élaboration de ce livre, mon éditrice Annie Tonneau, mon coordonnateur Jean-François Gosselin, ainsi que ceux qui travaillent dans l'ombre et que je ne connais malheureusement pas personnellement. Merci pour votre travail !

Finalement, un merci particulier à mes amis, à ma famille, à mes enfants et petits-enfants et, bien sûr, à mon tendre mari. Vous m'encouragez à me dépasser, à devenir une meilleure mère, une meilleure femme et surtout une meilleure personne. Vous me suivez dans mes projets et dans mes idées. Mon plus grand plaisir est de voir que ma douce folie est parfois contagieuse. Je suis fière de vous tous et heureuse de faire partie de votre vie !

INTRODUCTION

Sur le plan terrestre, lorsque nous voulons communiquer avec une autre personne à distance, nous prenons simplement le téléphone et composons son numéro ou nous ouvrons notre ordinateur, notre tablette, pour nous mettre en contact au moyen d'applications.

Cependant, lorsque nous désirons communiquer avec un défunt, un ange ou un guide, nous sommes malheureusement laissés à nous-mêmes, la technologie n'ayant pas encore développé le moyen de le faire.

Bien sûr, il nous arrive parfois, lorsque nous pensons à eux, de les sentir près de nous; d'entendre en nous une courte réponse lorsque nous les prions. Mais à peine quelques secondes plus tard, nous doutons de ce qui vient de se produire. Cela est tout à fait normal, nous sommes des humains vivant sur terre et dans la matière.

Certains d'entre nous sont plus réceptifs aux signes que nous envoie le monde parallèle. Il y en a même qui peuvent communiquer avec ces autres dimensions de manière naturelle, sans support et ce, à tout moment de la journée.

Mais, pour une grande majorité d'entre vous, cela n'est pas une option. Vous essayez pourtant très fort de voir et d'entendre. Or, rien ne se produit, pour toutes sortes de raisons que je n'énumérerai pas ici. J'aimerais plutôt m'attarder sur les moyens de vous permettre de recevoir facilement, vous aussi, un message venant de l'au-delà.

Mais est-ce vraiment possible de recevoir un message venant d'une autre dimension ? Moi, je le crois depuis longtemps.

Ce que je vous propose ici, c'est d'apprendre à offrir aux défunts, aux anges et aux guides un outil qui leur permettra de vous transmettre leurs messages, plutôt que d'attendre un signe que vous ne voyez pas ou que vous n'entendez pas. Dès lors, vous deviendrez vous-même un canal, par lequel votre âme vous guidera vers le bon message à recevoir.

Sachez que pendant que vous vous concentrez sur votre question, les anges et les défunts disponibles s'activent déjà à vous répondre. Lorsque vous tenez le livre, votre âme sait à quel moment et à quel endroit ouvrir le livre, il ne vous reste plus qu'à prendre votre message !

LES MESSAGES
Vous remarquerez différents messages dans les pages de ce livre. Sur les pages de gauche sont ceux provenant des défunts. Sur les pages de droite se trouvent les messages de votre ange gardien ou de vos guides. Finalement, tout en bas des pages de droite, sous la ligne, se trouvent des réponses précises à des questions précises. Ne vous en faites pas, je vous explique un peu plus loin comment bien utiliser ce livre.

J'ai canalisé moi-même, aidée de mon ange gardien, tous les messages que vous trouverez dans ce livre. Chacun des messages recèle l'essence de ce qu'aimerait vous dire votre ange ou un proche décédé.

Plusieurs défunts ont envie de dire la même chose, à quelques mots près. Donc, la provenance exacte du message importe peu. Ce qui est important, c'est de comprendre que le défunt veut utiliser ce texte pour vous faire savoir quelque chose, ici et maintenant. Vous pouvez ne retenir qu'une seule ligne du message, si c'est ce que vous dicte votre intuition. C'est de cette manière que vous finirez par bien saisir ce que l'on veut vous transmettre.

Les messages de votre ange gardien serviront à vous guider, vous aideront à comprendre si vous êtes à la bonne place dans votre cheminement de vie. Encore une fois, il pourrait n'y avoir qu'une seule ligne, un seul mot qui vous attire et qui répond à votre demande. Cela peut être suffisant.

QUAND SE SERVIR DE CE LIVRE ?

Dès que vous en ressentez le besoin ! Lorsque vous désirez recevoir des nouvelles d'une personne décédée. Si vous êtes témoin d'un phénomène psychique et que vous désirez savoir ce qu'on essaie de vous communiquer. Si vous désirez valider une intuition ou une discussion avec un(e) ami(e). Si vous désirez comprendre le message qu'un défunt qui vous est apparu dans un rêve cherchait à vous transmettre.

Vous pouvez vous en servir aussi pour méditer. Il suffit de choisir une page, de la lire et ensuite, de vous installer confortablement pour méditer sur le message reçu.

Cela ouvrira une porte à la communication et vous pourriez recevoir d'autres messages durant cet exercice.

Ce livre peut aussi vous aider à recevoir une réponse à une question momentanée et à prendre certaines décisions, toujours en accord avec cette petite voix intérieure qu'est votre intuition. C'est toujours votre libre arbitre qui décidera, à la fin, ce que vous devez ou ne devez pas faire.

Ce livre vous permettra dorénavant de devenir beaucoup plus conscient de ce qui vous entoure et des signes que la vie vous envoie. Il pourra éveiller en vous le désir de perfectionner votre intuition et votre perception de la vie. Vous serez plus sensible aux énergies, à vos vibrations et à celles des autres.

COMMENT UTILISER CE LIVRE ?
Lorsque vous avez besoin de recevoir un message ou de poser une question, prenez ce livre entre vos deux mains. Fermez les yeux. Prenez une bonne inspiration. Videz votre mental et concentrez-vous sur votre respiration.

Ensuite, lorsque votre mental est calme, demandez à la personne concernée de venir vous donner le message. Maintenant, concentrez-vous sur votre question. Quand vous aurez bien formulé votre demande et que vous serez fin prêt à recevoir la réponse, ouvrez les yeux et ouvrez le livre à un endroit quelconque.

Si la question est adressée à un défunt, vous ferez la lecture de la page de gauche uniquement.

Si la question est adressée à votre ange gardien, vous ferez la lecture de la page de droite uniquement.

Lorsque vous désirez poser une question précise, répétez la démarche expliquée ci-dessus. Au moment de poser votre question, assurez-vous de la formuler de manière à recevoir un oui ou un non. Ensuite, ouvrez le livre à un endroit quelconque et faites la lecture de la page de droite, uniquement sous la ligne.

Il ne vous reste plus qu'à saisir le message. Il vous faudra parfois lire entre les lignes et interpréter le message à l'aide de votre petite voix intérieure. Si, au moment de la lecture, vous ressentez des émotions ou si vous avez la chair de poule, c'est que vous avez bel et bien reçu le bon message.

Je vous suggère aussi, après avoir lu le message d'un défunt, de fermer les yeux et d'imaginer celui-ci en train de vous dire exactement les mêmes paroles. Vous comprendrez alors la puissance de cet exercice !

Je ne vous conseille pas de poser la même question deux fois ou de la poser différemment si la réponse ne vous convient pas. Ce n'est peut-être pas le bon moment pour vous de poser cette question ou vous n'êtes peut-être pas prêt à en entendre la réponse. Il se peut aussi que le défunt ne puisse vous transmettre le message demandé, n'étant pas disponible ou conscient de son état. Pour en savoir davantage, je vous suggère la lecture de *Nos morts ont besoin de nous pour avancer dans la lumière*.

Si vous n'avez aucune idée de qui provient le message sélectionné, vous pouvez le demander. Il vous suffira, après la lecture du message, de fermer les yeux et d'en demander la provenance. Laissez remonter spontanément à l'intérieur de vous un nom, un visage, une sensation.

Apprenez à remercier après avoir reçu votre message. La gratitude devrait toujours faire partie de notre vie.

DÉVELOPPER VOTRE INTUITION

Vous pouvez aussi utiliser ce livre pour développer votre intuition. Installez-vous confortablement, avec ce livre entre vos mains, et fermez les yeux. Prenez de bonnes inspirations et videz votre mental. Concentrez-vous sur votre respiration pour rester dans le moment présent.

Lorsque vous êtes calme et détendu, sans ouvrir les yeux, ouvrez le livre à une page quelconque. Placez votre main droite sur la page choisie et laissez monter à l'intérieur de vous les images reliées au message choisi. Laissez monter peu à peu les différentes sensations, les différents mots qui effleurent votre esprit. Faites-vous confiance.

Pratiquez l'exercice durant quelques minutes et mémorisez bien ce que vous recevez comme information. Ensuite, ouvrez les yeux et faites la lecture du message. Maintenant, reliez vos intuitions avec le message pour établir des parallèles.

PARTAGEZ !

Utilisez ce livre aussi souvent que vous le désirez ! Partagez-le avec vos amis, vos collègues, votre famille. Au travail, prêtez-le à vos clients, à vos patients, afin de confirmer leurs intuitions, leurs décisions ou de recevoir un message positif de la vie.

Gardez toujours ce livre près de vous, il vous sera très utile !

Attention, ce livre peut créer une dépendance ! À utiliser sans modération !

AVERTISSEMENT DE L'AUTEURE

Certains des messages canalisés pour vous n'ont pas été modifiés (corrigés), ceci afin de reconnaître la personnalité et la manière de s'exprimer des personnes disparues. J'ai voulu respecter l'authenticité de ces gens. Je m'excuse auprès des âmes sensibles quant au niveau de langage utilisé.

J'aimerais te dire :

« Ce que je voudrais dire ? Ce que j'veux qu'a comprenne ? C'est surtout que j'vais bien ! Qu'a l'a pas à s'inquiéter.

C'est beau ici. J'pensais jamais y arriver aussi vite. Mais qu'est-ce que tu veux, c'est ça ! J'ai vécu des saprés beaux moments, une partie de moi voulait pas que ça finisse, pis en même temps je voulais mourir pour que ça arrête. Il faut bien laisser sa place. J'pense à ceux qui s'en viennent et j'y serai pas. Ça, ça me fait de la peine.

J'voudrais dire à ma femme que je l'aime pis que j'vas continuer de l'aimer. J'voudrais donc pas qu'elle aille à s'inquiéter. J'serai là pour elle. Je suis fier d'elle et dis-lui qu'elle a fait les choses comme il faut. Dis-lui que j'suis content qu'elle ait insisté.

À mes enfants, je suis content de leur avoir légué le meilleur de moi-même, je suis content d'avoir fait la paix avant de partir. Ti-bout, je suis content qu'il soit là !

Eh ! J'ai revu ma grand-mère ! J'suis tellement content ! En tout cas, tout ça pour te dire que c'est bien où on se retrouve. Je l'sais que j'ai pas encore fini, mais je reste positif !

Dis-lui que je l'embrasse fort et que je la serre fort dans mes bras. Dis-lui que moi aussi, je lui tiens la main. »

Votre ange aimerait vous dire :

« Quelles que soient les épreuves que tu vis en ce moment, moi, ton ange gardien, je serai toujours là pour te soutenir. J'aurai avec moi, s'il le faut, d'autres êtres de lumière qui t'aideront à mieux comprendre ce qui se passe. Nous sommes là pour t'apporter des solutions.

Maintenant, ouvre ton cœur pour recevoir cette aide angélique. Entre en contact avec ton âme, cette petite lumière intérieure, afin d'entendre nos paroles.

Il te suffit de nous demander !

Porte attention aux visions que tu peux avoir, à tes ressentis, à la phrase spontanée qui vient de surgir dans ta tête.

N'aie pas peur de faire des choix dictés par les réceptions spontanées qui proviennent de nous. Quand les choses semblent vouloir avancer, c'est que tu fais les bons choix. Lorsque tout semble s'arrêter ou que tes doutes deviennent puissants, prends une pause et écoute, tu ne fais peut-être pas les bons choix. »

Ce n'est pas le bon moment.

J'aimerais te dire :

« Je ne suis pas partie depuis longtemps. En tout cas, il me semble. Au début, j'ai eu de la difficulté. Surtout à pardonner à ce qui est arrivé, mais maintenant ça va.

Je suis des cours de piano, ça me fait du bien. Ça occupe mon mental et la musique me fait du bien. Mon ange s'occupe bien de moi, il est toujours là, il dit qu'il va rester jusqu'à ce que j'aie compris. Alors, vous n'avez pas à vous inquiéter, je ne suis pas seule.

Ce qui a été le plus difficile pour moi c'est de traverser les portes pour toujours. Je sais que je me suis battue pour rester en vie le plus longtemps possible, mais j'ai fini par abandonner. Je vous demande pardon, pour ceux que j'ai laissés sur terre.

J'ai compris que ma mission était terminée et que mon évolution continuait dans un nouveau monde. J'ai eu peur, mais mon ange s'est occupé de moi. Je vous le dis, il faut croire aux anges !

Ce que j'aimerais aujourd'hui ? C'est que ma famille regarde par en avant, qu'ils n'ont rien à se reprocher, ni rien à regretter. Je veux leur dire que je les aime. »

Votre ange aimerait vous dire :

« Peu importe ce que tu peux penser de nous, nous comprenons tes émotions. Tu as le droit d'être fâché, de ne pas être d'accord avec l'univers, de critiquer la direction que nous t'indiquons.

Mais je veux te faire remarquer que cette vie, nous l'avons choisie ensemble et que je te guide dans les choix que tu fais maintenant de ton libre-arbitre.

Si tu as l'impression que la vie ne t'apporte plus ce que tu veux, tu peux t'arrêter et faire de nouveaux choix. Tu peux prendre une nouvelle direction.

Ne coupe pas la communication entre nous deux, elle est très importante. Prends ton temps, évacue la colère et la déception de tes corps d'énergies et reprenons notre mission, celle de réussir ce que tu avais choisi de venir accomplir sur cette terre au départ. »

Exercice : Prends trois grandes inspirations,
puis expire intensément le négatif qui t'habite.

Tu es à la bonne place, va de l'avant !

J'aimerais te dire :

« Ma très chère amie, il ne se passe pas une journée sans que je ne pense à toi. Le temps des regrets est terminé. Ce qui a été a été. Dans une autre vie, nous nous reprendrons.

Longtemps, je me suis obstiné à ne pas vouloir voir cette lumière. Mais maintenant, j'ai compris. Compris qu'il ne sert à rien de vouloir revenir sur terre, de vouloir empêcher la mort de nous rejoindre.

Il me semble ne pas en avoir assez fait du temps où j'étais là. Pourras-tu me pardonner un jour de t'avoir mise de côté ? De ne pas avoir compris que tu avais besoin de moi.

Nous allons nous retrouver un jour, je t'attendrai. Je sais que tu en as beaucoup sur les bras, donc encore pas mal de choses à faire en bas, mais c'est pas grave, je suis bien plus patient maintenant (rires).

Qu'adviendra-t-il de nous ? Je ne sais pas. Ici, j'ai retrouvé des âmes qui sont évoluées et qui vivent dans l'individualité, ce qui veut dire qu'elles ont coupé les liens de la terre et qu'elles ne sont plus quelqu'un, mais juste une âme. Cela dépend de chacun et du cheminement que l'on choisit de faire ici.

Je pense à toi mon amie ! »

Votre ange aimerait vous dire :

« Tes rêves sont beaux, tes rêves sont grands ! Ne les détruis pas en te laissant influencer par les peurs des autres. Crois en toi, crois en leur réalisation profonde.

Si tu places des rêves devant toi, ton âme pourra se concentrer sur une belle mission. Tu te sentiras utile, et te réveiller le matin deviendra quelque chose d'agréable.

Tes mains sont une excellente source d'énergie, sers-t'en. Laisse-les parler, laisse-toi guider. Ce qui en sortira fera des merveilles.

Si tu ressens un pressant besoin d'écrire, fais-le ! Car les messages sortiront de ta plume, l'inspiration te guidera sur les choix que tu pourras faire.

Cela pourrait être aussi le dessin. Par celui-ci, tu pourrais mieux te comprendre et mieux comprendre ta vie.

Je pourrais bien t'aider en passant par tes mains pour réaliser tes rêves, souviens-t'en ! »

Exercice : Installe-toi à une table avec une feuille et un crayon. Libère ton mental et inscris tout ce qui te passe par la tête sans te relire tout de suite. Si tu as le goût de dessiner quelque chose, vas-y ! Ensuite, regarde ce que tu as réussi à faire ! Regarde mes messages !

À la suite d'un geste que tu poseras.

J'aimerais te dire :

« Je suis infiniment contente de pouvoir te parler ! Encore maintenant, je cherche pourquoi je m'accrochais tant à la vie !

On est tellement bien ici ! Je suis en contact avec tout ce que j'aime : les fleurs, la nature, les oiseaux, oui, oui, tout ça (rires) !

On se relève doucement. Je refais et reprends mes énergies. C'est beaucoup plus facile de prier ici. J'ai même des entretiens privilégiés avec les archanges (rires). Je crois que je me raccrochais plus pour vous que pour moi finalement.

Ma vie n'a pas été écourtée, au contraire. On m'a permis de vivre davantage que ce que j'aurais dû vivre. N'ayez pas de regrets parce que moi, je n'en ai plus !

On est séparés, mais en même temps on est proches. De temps en temps, je viens vous faire un petit coucou. Un papillon est le symbole que j'utilise.

Il ne me reste plus qu'à me trouver une mission en vous attendant ici ! »

Votre ange aimerait vous dire :

« Tu connais la belle expression : Aide-toi et le ciel t'aidera ? Eh bien, cela veut dire qu'à chaque geste que tu poses pour avancer, je peux t'aider. Je peux t'influencer à poser des gestes mais je ne peux pas le faire à ta place !

Je peux t'influencer à dire les choses de la bonne façon, au bon moment, mais je ne peux les dire à ta place.

Quand tu me demandes de l'aide, cela me fait un énorme plaisir de le faire. Je suis ton ami, ton allié. Tu m'as choisi pour te guider dans les bons, tout comme dans les moins bons moments.

Si tu ne réussis pas du premier coup, ce n'est pas grave. Je peux recommencer aussi souvent que nécessaire. Dès que je te sens prêt(e) et réceptif(ve), je fais un nouvel essai.

Je ne t'abandonnerai jamais, ta réussite fait partie de ma mission après tout. »

Une personne te donnera la réponse.

J'aimerais te dire:

« Me rappeler ce que j'étais sur terre m'est parfois douloureux. Ce qui s'est passé, ce qui m'est arrivé. Mais je comprends et j'accepte que tu aies besoin de mon message pour poursuivre ta vie.

Dans les circonstances, j'ai fait de mon mieux. L'époque où j'ai choisi de vivre et d'avoir des enfants n'était pas la meilleure, je crois. J'avais tout un caractère et ça dérangeait. Je me suis toujours arrangée du mieux que j'ai pu. Ça a pas toujours donné de belles choses, mais quand même, il y a eu toi.

C'est aujourd'hui que je comprends le sens du mot: donner la vie. Je t'ai mis au monde sans trop savoir ce que je faisais réellement. Aujourd'hui, je comprends. Je comprends le rôle que j'ai joué dans ta vie, mais ce que tu es devenu aujourd'hui, c'est grâce à toi.

Parfois, je me sens coupable de ne pas avoir été présente pour toi comme j'aurais dû, mais sache que d'où je suis maintenant je veille sur toi, sur ta famille. Je suis si fière de toi. Je sais mieux que quiconque que tu fais de ton mieux et je vois les efforts que tu as déployés pour arriver là où tu es.

Je te demande pardon d'être partie si vite en emportant des choses que tu ne connaîtras jamais, mais je voulais que tu saches que je t'aime. »

Votre ange aimerait vous dire :

« *Le temps, cette dimension appartenant au plan terrestre, n'existe pas là où je me trouve. Je ne l'utilise donc pas. Je suis avec toi chaque jour, chaque heure, chaque minute et chaque seconde de ton temps.*

Je ne te quitte jamais d'une semelle quoique tu puisses en penser. Par contre, sache que le temps, même si parfois tu crois en manquer ou, au contraire, s'il te semble long, est quelque chose de précieux et qu'il est loin d'être vide de sens.

Car chaque chose qui se produit dans ta vie a son importance. Les petites choses comme les grandes. Ne les juge pas. Si tu crois aujourd'hui avoir perdu ton temps, regarde plutôt ce que ce temps t'a apporté. Ce à quoi tu as réfléchi, ce que tu as réalisé pendant cette "perte" de temps.

Pour moi, aucune minute de ta vie ne se perd et aucune n'est gaspillée. Si tu apprends à être conscient de tes gestes et de tes paroles, tu le croiras aussi. »

Si tu regardes autour de toi, tu comprendras.

J'aimerais te dire :

« Qu'est-ce que je fais ici ? Qu'attendez-vous de moi ? Des souvenirs ? J'en ai pas ! Qui veut me parler ? Ma fille ?

Dites-y que je regrette. J'avance pas vite. C'est laborieux. Ça fait juste mal quand je touche mes émotions, sinon j'vais bien. Y a longtemps que j'ai eu de ses nouvelles. Les funérailles ? Ça a bien été. Je suis content de voir que les gens m'aiment.

Dites-y que oui, je suis près de ma femme. C'est bien normal, où voulez-vous que je sois ! Dites-y qu'elle fasse bien ses choses, comme ça elle aura moins d'ennui en arrivant ici. Tout ce paquet de questions, ça m'étourdit.

Je suis fier de mes enfants, ils sont ce que j'attendais. La vie de famille ? C'est pas toujours facile, mais c'est essentiel à la vie. J'ai pas toujours su expliquer les choses, mais ça s'apprend, ça je l'ai compris.

J'voudrais dire merci à ma femme parce qu'elle a toujours été là, elle n'a jamais baissé les bras, elle n'a jamais abandonné. Notre couple, notre union est ce qui m'a sauvé et m'a toujours ramené sur le droit chemin. »

Votre ange aimerait vous dire :

« Chaque personne que je place sur ta route a un rôle à jouer dans ta vie, tout comme toi lorsque tu es mis sur la route d'une autre personne.

Ne néglige pas la main qui t'est tendue, elle l'est par mon action ou celle d'un être de lumière. Si nous croyons que tu es la bonne personne à aider, c'est que nous sommes derrière toi pour t'inciter à saisir cette main.

Si nous croyons que la personne qui est devant toi peut t'aider à cheminer, ne l'ignore pas, ne la juge pas. Prends plutôt le temps de réfléchir au pourquoi de cette rencontre.

Souvent tu me demandes un message, un signe. Tu demandes à m'entendre. Qui te dit que je n'utilise pas cette personne pour te répondre ?

Les êtres humains ont une grande capacité à canaliser nos messages. N'as-tu pas déjà employé l'expression: "Je sais pas pourquoi je te dis ça mais..." Ou peut-être l'as-tu déjà entendue ?

Prête attention à cette dernière phrase pour repérer un de mes messages. »

Es-tu vraiment certain de le vouloir ?

J'aimerais te dire :

« Eh, que t'es fatigante avec tes questions (rires) ! Ben oui j't'entends, je suis pas sourde, juste morte (rires) !

Il était temps que je parte. J'ai eu la vie que j'ai eue, j'me plaindrai pas. Mais je suis bien contente que sur terre ce soit terminé. Parce qu'ici, ça continue. Qu'on le veuille ou non.

Ce que j'te souhaite, ma fille, c'est d'arrêter de faire la girouette ! De te placer ! Dans ta tête et dans ton cœur. Tu as besoin de beaucoup d'amour et depuis que je suis partie, encore plus ! Alors oui, je suis souvent près de toi à t'écouter me parler, m'interroger sur toi, sur les autres.

J'peux pas toute savoir, mais je fais mon possible pour te réconforter et te consoler quand ça va pas. Mais tu devrais arrêter de t'en faire et de te poser autant de questions.

Nous nous sommes croisées un jour, dans ton sommeil, j'étais tellement contente que tu me voies. Même si cela n'a pas duré longtemps, ça m'a fait du bien. Vous me manquez.

J'aurais voulu en faire plus quand j'étais vivante, mais finalement, je suis bien fière de moi ! J'aime que vous vous rappeliez de moi. Je vous aime ! »

Votre ange aimerait vous dire :

« Ouvre l'œil, c'est moi qui viens te voir dans tes rêves. Parfois j'adopte l'identité de personnes proches de toi afin de ne pas t'effrayer. Je sais que ça peut te déconcerter, mais si tu prêtes attention aux sentiments qui se dégagent de tes rêves, tu comprendras que c'est moi qui suis là.

La nuit, pendant que ton corps physique se repose, je m'envole avec ton âme ! Je te suis à travers les différentes dimensions de l'univers. Je te protège afin que tu puisses revenir au moment où le plan terrestre te réclame.

Tes rêves servent à expérimenter de nouvelles choses ou à t'améliorer dans celles que tu fais présentement. Ton sommeil n'est pas un temps perdu pour ton âme, bien au contraire. Tu es libre de toute entrave physique pour vivre tes expériences.

Plus tu te souviendras de tes rêves, mieux tu comprendras mes messages. La nuit, lorsque tu me retrouves, nous faisons le point sur ce que tu as accompli dans la journée et je te transmets des conseils. Parfois, ce sont les messages de ton âme qui se symbolisent dans tes rêves. À ton réveil, la petite voix intérieure de ton âme te soufflera ces conseils quand viendra le temps de les utiliser. »

Exercice : Procure-toi un cahier pour y inscrire tes rêves.
Plus tu prendras l'habitude de les écrire, plus ta mémoire du rêve se développera.

Une prière pourrait t'aider.

J'aimerais te dire :

« Y était temps ! Enfin, je peux te parler ! Ma belle fille, tout va bien pour moi. Je suis rendue.

J'en ai rencontré du monde ! En commençant par ton père. J'ai vu ma famille. Des amis dont je ne me souvenais plus qu'ils existaient (rires). Qu'il fait bon de te parler. J'aurais tellement de choses à te dire, mais je ne sais pas par où commencer.

J'voudrais que tu prennes soin de toi. Tes énergies sont pâles ! J'aime pas te voir avoir de la peine, quand tu en a trop, ça m'empêche d'être près de toi. J'apprécie ce que tu as fait de mes affaires. Merci à toi d'avoir respecté mes choix, ma volonté et surtout mes croyances. J'ai toujours su que j'avais une bonne fille.

Les autres se débrouillent très bien aussi, je peux pas demander mieux. Je me suis éteinte à un âge vénérable, je ne croyais pas que j'étais capable de me rendre jusque-là. Mais j'ai reçu tellement d'amour de la part de vous tous !

Tu as toutes les raisons du monde, ma fille, de vouloir te battre. Je suis avec toi et toutes les deux, on n'abandonne pas ! »

Votre ange aimerait vous dire :

« Le livre que tu tiens dans tes mains est une source inépuisable de messages et de réponses à tes demandes. Utilise-le aussi souvent que tu en as besoin.

Il est la confirmation de tes intuitions. Tu peux l'essayer si tu veux ! Quand tu auras terminé de lire ce message, ferme le livre et concentre-toi sur l'essence d'un autre message, sur le numéro d'une page ou tout simplement sur un mot. Laisse l'information monter à l'intérieur de toi sans forcer.

Quand tu verras clairement l'information dans ta tête, ouvre le livre et trouve l'information à la page choisie.

Je suis là pour t'aider à développer cette petite voix et ce livre est un excellent outil pour te pratiquer à le faire.

Si tu doutes de bien recevoir le message, dis-toi que si ta réaction est de penser : « C'est drôle ! » ou « C'est bizarre ! », cela veut dire qu'au contraire, c'est exactement ce que tu avais besoin de lire ou d'entendre en ce moment. »

Encore un peu de patience !

31

J'aimerais te dire :

« Je suis bien contente de te parler. Ça été difficile pour moi de partir, de vous quitter, mais ça, c'était à l'époque. Je m'en souviens.

Je m'occupe de vous, j'fais du mieux que je peux, y en a pour certains que la vie est pas facile et qu'il faut du courage, mais je suis fière, il ne faut pas lâcher.

Il y a de nouveaux petits bébés, je suis contente. D'où je suis, je vois presque tous vos changements. Y en a qui partent en appartement, d'autres qui grandissent. Tout va trop vite. Il faut que vous en profitiez.

Ma petite fille, j'étais heureuse sur terre, surtout quand tu venais me voir. Ça paraissait pas tout le temps, car des fois j'étais préoccupée, c'est ça, être une maman. Je te souhaite d'être heureuse, de prendre ta place, ton grand-père est fier de toi, je le sais. Il dit que tu ressembles à ta mère (rires) !

Pense à faire tes prières aux anges, c'est important. Eux, ils peuvent t'aider, moi, j'ai des restrictions. Et tu sais, parfois, lorsque tu croises une plume blanche, j'aime bien que tu penses que c'est moi ! »

Votre ange aimerait vous dire :

« Si tu te sens perdu ou dépassé, tu peux prendre le temps de t'arrêter pour y voir plus clair. Sors à l'extérieur, va prendre une marche, respire l'air, observe la nature.

L'énergie de la terre te permettra de t'enraciner et d'équilibrer les corps d'énergies qui t'entourent. Et lorsque tes corps seront parfaitement alignés, tu pourras trouver une solution à ce que tu cherches ou à ce que tu te poses comme question.

L'activité physique fait circuler ton sang plus rapidement et oxygène ton mental. Toutes les ondes négatives et lourdes quittent alors ta tête et font place à la clarté et au positif.

C'est aussi en communion avec la terre-mère que tu peux avoir de nouvelles idées ou de nouveaux projets. Ne néglige donc pas une invitation à un pique-nique ou à prendre une marche dans ton voisinage.

Et qui sait ce que je placerai sur ta route à ce moment-là ? Si tu es curieux(se), fais-le tout de suite ! »

Avance encore d'un pas !

J'aimerais te dire :

« La vie est trop courte pour avoir des regrets. Je suis vraiment bien maintenant et c'est tout ce qui compte.

On était bien, un peu serrés, mais on avait la vie qu'on avait choisie. Ça m'a pris du temps à comprendre tout ça, mais maintenant, c'est fait. Mon âme a grandi, mais pas mon corps humain puisque je ne l'ai pas emporté avec moi.

D'autres garçons dans la famille me ressemblent et j'en suis heureux, fier. Pauvre maman ! Toute la peine qu'elle a eue. Je crois que son cœur est mort avec moi. Après, la vie n'a plus été pareille.

Où que tu sois, je te retrouve. Tu as ta vie, ce n'est pas comme lorsque nous étions enfants. Tu es toi-même une maman, une bonne maman.

J'ai fait le pardon avec papa, avec maman. Je suis en paix maintenant. Je peux les voir parfois. Ils m'accueillent dans leurs énergies.

Tu as le droit de me parler librement, sans contraintes d'aucune sorte, je serai toujours là pour t'écouter et t'accompagner dans ton cheminement. »

Votre ange aimerait vous dire :

« L'argent n'est pas un but, n'est pas une réussite, n'est pas une solution. C'est un outil qui peut te servir à accomplir ta mission, à te faire évoluer et à répondre à un besoin.

Il ne fait pas de toi quelqu'un de riche ou de pauvre, car il ne fait pas partie de toi ! C'est un complément, car tu peux être riche avec cinq dollars en poche et pauvre avec un million en banque.

Si l'argent te rend malheureux ou t'empêche de faire ce que tu souhaites, c'est que tu es sur une mauvaise piste. Si, au contraire, tu es capable de faire ce que tu souhaites avec le moins d'argent possible et que cela te rend heureux, c'est que tu sais être riche de toi-même.

Un sourire, une parole, un don de soi ne coûtent rien, alors ne laisse pas l'argent être un obstacle à ton bonheur.

Apprends à cultiver l'abondance avec tes qualités et tes ressources, tu attireras à toi d'autres personnes qui pensent comme toi, tu verras qu'en très peu de temps, tu deviendras riche... »

Un jour, tu comprendras cet obstacle.

J'aimerais te dire :

« Je suis enfin au paradis ! J'suis rendu ! Je sais bien que mon départ subit vous a laissés un peu par surprise, mais il fallait bien qu'on se rappelle de moi (rires) ! Et je sais que vous le faites, car je vous entends encore !

Ne pleure pas pour moi, vous m'avez donné de belles années et je vais toujours m'en rappeler. Je suis né dans une belle époque, où la musique était omniprésente.

Quand je t'ai rencontrée, j'ai tout de suite su que tu serais la mienne. Depuis, mon cœur n'a jamais cessé de mentionner ton nom. Même encore aujourd'hui, tu es dans mes pensées, je ne cesse de me rappeler combien je t'ai aimée. J'ai peut-être été maladroit parfois et je m'excuse, mais cela n'a jamais été intentionnel. Si c'était à refaire je serais le premier à dire oui !

Merci d'avoir été près de moi quand j'ai cru que je n'y arriverais pas. Merci d'avoir cru en moi plus que moi-même, grâce à toi, j'ai pu me relever et poursuivre. Tu es une personne extraordinaire.

Je tiens à dire qu'il m'arrive de m'ennuyer de ma vie d'avant, tous les amis, toutes les parties, le plaisir qu'on pouvait avoir. J'aimerais remercier tous ces gens de m'avoir côtoyé ! »

Votre ange aimerait vous dire :

« La patience se cultive. Elle s'apprend par la pratique. Chaque humain possède une limite, mais les limites sont comme des élastiques, elles peuvent s'étirer.

Ce n'est pas une partie de plaisir pour moi de te demander de l'exercer, mais sache que lorsque ta patience est mise à l'épreuve, il y a pendant ce temps-là des choses sur lesquelles tu peux méditer. Ça peut être dans un moment d'attente que la solution à un problème t'apparaîtra ou qu'une nouvelle idée surgira.

La patience mène à la sagesse et la sagesse fait partie des qualités attribuées aux vieilles âmes.

Si tu es d'humeur impatiente ces temps-ci, prends le temps de réfléchir à ce qui t'irrite réellement, car la raison de cette impatience est rarement liée à ce que tu crois. Par exemple, la circulation n'est pas ce qui te rend impatient, mais la crainte de ses conséquences si tu es en retard ou de ce qui t'attend à la maison.

L'impatience est un sentiment qui devrait te faire arrêter et te faire prendre conscience de tes états d'âme, de ce qui se passe à l'intérieur de toi. »

Il faut te faire confiance.

J'aimerais te dire :

« Parfois, il y a des choses que nous comprenons seulement à notre arrivée ici dans l'au-delà. Et des fois, ce n'est pas tout de suite.

Ça me fait de la peine pour toi de voir ce qui se passe avec maman. De la peine de voir qu'elle n'a pas changé et que tu dois passer par là à ton tour.

Moi, j'ai compris et j'ai fait la paix. Il y a certaines choses qui sont trop dures à pardonner quand on est humain. Mais une fois qu'on a toute sa conscience ici, c'est plus facile, c'est mieux.

Notre mère est souffrante. Elle n'est pas tout à fait consciente de ce qu'elle fait ou dit. Et toi, tu es à bout de patience.

Alors, sache que je ne juge pas la situation, mais que je suis derrière toi, quoi que tu fasses. Ce que j'essaie de te dire, c'est de réellement penser à toi pour une fois ! Et non à ce que vont penser les autres.

Apprends à pardonner, pour toi, pour toutes les situations qui te font mal. Tu avanceras beaucoup plus vite ici. Tu vois, je m'occupe encore de toi, même ici (rires) !

Tu seras toujours ma petite sœur ! »

Votre ange aimerait vous dire :

« Ta générosité fait de toi une âme en évolution. Ta capacité à être ouvert aux autres, à écouter leurs idées, à applaudir leurs réussites ou à contribuer à leur bonheur fait de toi un être lumineux.

Nous sommes fiers de toi à chaque instant, mais encore plus à ces moments-là. Si tu te demandes si tu dois aider telle ou telle personne, assure-toi que cela fasse aussi partie de ton bien-être, car une générosité qui te demande un effort ou dans laquelle tu attends un retour s'annule dans les énergies, c'est comme si tu n'avais rien fait du tout.

La générosité part du cœur et non de la tête, tu ne dois pas penser à aider une personne, tu dois ressentir que tu veux aider une personne, là est la différence.

Aujourd'hui, écoute ton cœur quand tu sortiras. Il suffit parfois de tenir la porte d'un commerce ouverte à une vieille dame qui entre avec sa marchette ou d'offrir à ton patron trente minutes de temps supplémentaire pour terminer un projet important.

L'univers est toujours généreux envers les gens qui le sont réellement. »

Observe tes rêves, la réponse s'y trouve.

J'aimerais te dire :

« Je ne veux pas déranger ! Ce que je veux par-dessus tout, c'est aider ma famille.

Vous m'avez tellement aidée, tellement donné. J'aurais dû vous témoigner plus de reconnaissance quand j'étais vivante, mais je ne savais pas comment.

C'est triste d'être partie si jeune, mais pour moi, c'était terminé. Je ne vous abandonne pas, je suis toujours près de vous, en pensée, dans vos cœurs et bien présente dans votre mémoire.

Ce qui me réjouit d'être ici, c'est d'avoir retrouvé ceux qui sont partis avant moi. Je m'dis qu'il y a au moins ça. Ce que je sais maintenant, c'est qu'on va tous pouvoir se retrouver un jour.

Parfois, quand tu sens une présence dans la même pièce que toi ou que tu sens une odeur particulière, c'est moi qui suis là. Je ne bouge pas, je ne fais rien, je suis seulement là, je ne veux pas déranger.

Dans l'automobile aussi je vous accompagne. Je suis fière de toi, car je te sens prudente. L'espace-temps dans lequel tu vis, toi, n'existe plus pour moi, alors je serai bien patiente en attendant que tu arrives ici avec moi ! »

Votre ange aimerait vous dire :

« Ta santé est importante. Elle permet à ton corps physique d'aider ton âme à accomplir sa mission. Il faut donc que tu en prennes bien soin.

La santé, ce n'est pas seulement une rencontre médicale une fois par année pour te donner bonne conscience. C'est un choix de tous les instants. Ce que tu manges, ce que tu fais pour bouger, ce que tu penses, ce que tu écoutes, tout ça fait partie de ta santé.

Elle t'aide à devenir une meilleure personne, à développer tes capacités, tes talents. Quand une douleur se fait sentir, c'est que tu négliges ton corps, véhicule de tes émotions. Chaque maladie ou mauvais fonctionnement de ton corps te transmet un message.

T'arrêter pour faire un bilan serait de mise en ce moment. Où as-tu mal ? Quelle partie de ton corps fonctionne mal ? Tourne-toi vers l'intérieur, tu pourrais y trouver les explications liées à cet état.

Ton corps te parle, écoute-le ! »

Regarde tout ce que tu as accompli déjà !

J'aimerais te dire:

« Oui, je suis bien là! Contente de communiquer avec toi. Je suis un peu paresseuse, je prends mon temps. On est tellement bien où je me trouve, y a pas de presse! C'est pas comme quand on était sur la terre.

Il ne faut pas être déçu de partir. J'ai enfin fini de m'en faire pour les autres. De ce qu'ils font, de ce qu'ils pensent. Ils ne sont jamais contents. J'ai aimé mon travail, mais je suis contente que ce soit terminé, je ne recommencerais pas! En tout cas, pas tout de suite!

Y a pas beaucoup de monde qui savait réellement ce que je pensais, c'est mieux de même! Merci à toi d'avoir été là pour l'écoute et le placotage.

Prends soin de toi. Ne laisse pas la vie ni les gens briser ta santé. Libère-toi! Les fardeaux, c'est trop lourd à porter, je sais de quoi je parle.

Maintenant, je m'occupe de moi, je peux plus rien pour les autres, c'est à eux de faire leurs vies. Je serai là quand on m'invitera, mais sans plus, j'en ai assez fait!

Je regarde tous les aspects de ma vie, c'est là-dessus que je travaille. Merci de m'avoir accordé votre attention. »

Votre ange aimerait vous dire :

« Apprécie la vie et ce qu'elle t'apporte. Tu t'es incarné sur cette terre, alors profites-en ! Laisse de côté les petits malheurs et les petits obstacles.

Concentre-toi sur ce qui va bien en ce moment pour toi. Allez, prends quelques secondes pour y penser... Bon alors ? Si tu as trouvé au moins une chose, tu peux considérer que la vie est belle et qu'elle vaut la peine d'être vécue !

Je souhaite de tout mon cœur qu'à chaque prise de conscience terrestre, tu puisses te considérer chanceux d'être vivant et en contrôle de ta vie.

Si tu as besoin d'aide, souviens-toi que je suis là. Je peux t'écouter, te consoler et te réconforter. Prends un jour à la fois. N'anticipe pas le lendemain. Essaie de vivre ici et maintenant.

Fais-toi plaisir et fais-toi du bien, peu importe la température en ce moment, sors à l'extérieur et entre en contact avec la nature, enracine-toi.

L'exercice a pour but de te détacher de tes pensées négatives et de tes peurs. »

Ton ange est avec toi et il t'aide.

J'aimerais te dire :

« Bien contente de pouvoir enfin te parler ! Je t'attendais. Je me porte bien, au contraire de ce que vous pourriez penser !

Je suis plus calme et bien reposée. Je ne me pose plus toutes ces questions que nous avions sur la terre, je me contente d'être en paix avec mes choix et mes décisions. Comme beaucoup d'entre nous, j'ai des regrets. Je n'ai pas eu le temps de faire tout ce que je voulais. J'aurai même pas eu le temps de profiter des nouvelles choses qui s'offraient à moi. Mais ce n'est que partie remise !

Les oiseaux et les couleurs sont mes symboles pour toi. Je les utilise quelquefois. Je suis souvent accompagnée de ma grand-mère, elle me guide et me soutient dans mon cheminement spirituel.

Dis à ma fille qu'elle est mes yeux, qu'à travers elle, je peux maintenant comprendre bien des choses ! Je suis fière d'elle et j'ai confiance en elle. Dis-lui d'écouter son ange. Il pourra mieux la guider que moi. Je serai toujours sa mère et je l'aime encore plus maintenant, depuis que je comprends la vie.

Je vous embrasse tous, du haut de mon nuage, et je vous dis à la prochaine ! On se revoit dans l'au-delà ! »

Votre ange aimerait vous dire :

« Imagine qu'aujourd'hui est ta dernière journée sur terre, qu'aimerais-tu faire ? Que voudrais-tu réaliser ? Arrête-toi deux secondes pour observer la vie autour de toi, ta vie. Est-ce que tu es heureux ?

Prends le temps de changer une chose, d'appeler une personne, de prendre congé. Prends du temps pour observer ce qui se déroule autour de toi. Imagine ce que tu voudrais garder et ce que tu donnerais.

De quoi es-tu le plus fier ? Pourrais-tu faire encore quelque chose de mieux ? Tu pourrais confectionner de tes mains des objets que tes proches pourraient conserver, qui leur rappelleraient votre amitié, votre amour, votre famille ?

De quel poids voudrais-tu te libérer ? Si tu avais des pardons à accorder, à qui les accorderais-tu ?

Je te demande de t'arrêter un instant. La vie est plus courte que tu ne le crois. Même quand elle te paraît longue. Si tu penses que tu peux changer quelque chose dans ta vie pour être plus heureux, c'est aujourd'hui que tu dois le faire.

Car chaque jour qui passe sur cette terre peut être le dernier. Il ne reviendra pas. Il t'appartient. Alors, fais en sorte d'en être fier et heureux. »

Tu auras des choses à comprendre avant.

J'aimerais te dire :

« Par où commencer tout ça ? Quel gâchis ! J'aimerais bien que les gens comprennent que j'essaie bien d'arranger tout ça. C'est maintenant que je m'aperçois que des fois, j'ai été têtu et borné.

J'aurais dû vous écouter davantage. Même si je sais maintenant que ma mission était terminée, je sais que j'aurais pu faire certaines choses autrement. Pas grave, j'me reprendrai !

Heureusement, je ne suis pas seul. J'ai aussi des animaux pour me tenir compagnie. Je veux dire merci à tous ceux qui m'ont aimé tel que j'étais, qui m'ont enduré (rires), mais qui surtout m'ont permis de partager leurs vies.

Je t'aime, ma fille, tu es ce que j'ai de plus important. Continue tes prières, continue de me parler, ça me fait du bien, ça panse mes blessures.

J'ai déjà corrigé des choses, t'en es-tu aperçue ? Je continue d'apprendre à écouter avec mon cœur. Je gère mieux mes émotions.

Il m'arrive de partager votre quotidien et de percevoir les changements dans vos vies. La petite te ressemble beaucoup ! »

Votre ange aimerait vous dire :

« Le rire, l'amour, c'est la santé. Ce sont des émotions qui te donnent de l'énergie et qui t'aident à mieux passer la journée.

Comme ce sont des émotions que tu peux ressentir à volonté, crée-toi des moments dans la journée pour les vivre. Crée des occasions en écoutant une comédie, en faisant la lecture d'une blague, provoque ces moments.

Ce sont aussi des émotions qui servent à guérir. Si tu as une faiblesse, un symptôme, même une maladie, cherche des occasions de légèreté, entoure-toi de gens positifs, de gens qui t'aiment et laisse-toi aller. Écoute-les, regarde-les.

Une maman soulage la fièvre de son enfant, ses maux de ventre à coup de becs, de « je t'aime » et de cajoleries, et ça fonctionne! On a tendance à oublier que cela fonctionne encore lorsqu'on est adulte.

Cette situation ne te concerne peut-être pas en ce moment, alors regarde si quelqu'un autour de toi n'aurait pas besoin d'amour ou de rire. Tu pourrais lui apporter ce rayon de soleil ? »

Après deux changements.

J'aimerais te dire :

« Quel plaisir de te parler à nouveau ! Je voulais te dire merci pour tout ce que tu fais pour moi-même. Tu sais, j'ai pas besoin d'autant, mais comme je perçois que ça te fait plaisir, alors je suis contente.

L'objet que tu as mis dans la bibliothèque (étagère) me fait réellement du bien et me donne du plaisir. Je sais que vous pensez à moi. Oui, je te dis que mon temps sur terre était fini. Rien n'aurait pu changer ça.

Je suis tellement bien maintenant (rires) ! Libre, plus personne pour me dire quoi et comment faire ! Je suis heureuse. Ne vous inquiétez plus. Tu devrais voir tout le monde que j'ai retrouvé ! Je pensais même pas que ça ce pouvait.

Maintenant, je veux que tu regardes en avant, que tu penses à toi et que tu vives ta vie pour toi. Je voudrais d'abord et avant tout que tu sois heureuse, c'est ça que je veux !

Quelque temps avant de partir, j'étais fatiguée, mais là c'est du passé. J'ai repris mes énergies et je peux aller où je veux ! C'est sûr que je vous visite, mais je préfère ne pas vous déranger, alors je vous laisse aller et je m'occupe de mon évolution. »

Votre ange aimerait vous dire :

« Je suis tellement heureux que tu puisses utiliser tes mains pour faire le bien autour de toi. Je suis fier de toi quand tu aides les gens à être mieux.

Je suis fier de toi quand tu fais des efforts pour mieux comprendre ces personnes. La patience et la tolérance dont tu fais preuve augmentent le taux de tes champs vibratoires et cela me permet de t'aider encore mieux à accomplir ta mission de vie terrestre.

N'aie pas peur de ce que tu vois ou de ce que tu ressens. Écoute tes intuitions, fais-toi confiance, et si tu en ressens le besoin, exprime-les tout haut sans gêne. Tu ne sais jamais à quel point tes paroles peuvent aider une personne à mieux se sentir.

Je t'observe depuis un moment et je vois combien les gens t'aiment et t'admirent. Laisse-toi porter sur ces nuages d'amour et de reconnaissance.

Prends les mains qu'ils te tendent, les cadeaux qu'ils t'offrent, en retour d'un service que tu leur as rendu, tu le mérites et c'est leur façon de te redonner un peu d'énergie, toi qui en donnes tant aux autres.

Je suis fier de travailler avec toi et content que tu me fasses une aussi belle place dans ta vie. »

Formule ta demande en positif.

J'aimerais te dire :

« Merci de me parler aujourd'hui et de me laisser m'expliquer. Ça me fait du bien. J'ai pas toujours été correct, j'étais pas parfait, j'ai eu des incartades, mais ce n'est pas ce que tu penses.

J'étais plutôt renfermé, je n'aimais pas parler de mes choses. Je pensais beaucoup trop même. Mais cela n'a jamais été contre toi. Ne va pas t'imaginer des choses. Il n'y a que moi qui le sais et je suis parti sans parler.

Je m'excuse, je te demande pardon, si mon comportement t'a affectée et t'a fait de la peine. Souviens-toi, j'étais là à chaque fois que c'était important. Mais il est vrai que le restant du temps, je pensais à moi. Je pensais que tu étais indépendante et que tu aimais ça comme ça, que tu aimais notre vie. Je vois maintenant que tu en as souffert.

Parfois, je voudrais revenir en arrière pour corriger tout ça, mais si je pense à moi, j'ai été heureux comme ça. J'ai malheureusement fait passer des gens et des situations avant toi et je le regrette. Je voudrais effacer toute cette peine en toi et te voir en paix. Un jour, on va se retrouver et on parlera de tout ça, je pourrai t'expliquer et te dire tout ce que je ne t'ai pas dit avant de partir. Souviens-toi que je t'aime. »

Votre ange aimerait vous dire :

« Il n'y a pas de temps à perdre ! Passe à l'action ! Peu importe lequel, mais pose un geste afin de concrétiser un de tes souhaits ou un de tes rêves.

L'inaction t'est souvent dictée par la peur. Peur d'échouer, peur d'être rejeté ou de ce que pensent les autres. Deux mots : confiance et lâcher-prise, exerce-toi !

Je te promets que ton action engendrera une réaction de laquelle découlera un changement ou un aboutissement. Tu en sauras plus après être passé à l'action ; tu pourras te situer et décider si tu vas de l'avant ou si tu passes à un autre projet, à un autre rêve.

Parfois, je laisse des indices sur ta route. Par exemple, lorsque tu te demandes si telle ou telle action est bonne pour toi et que, sur la route, tu te trouves à passer une série de feux verts, c'est que tu as raison de continuer. Si plutôt tu viens de croiser quelques jaunes, demande-toi si cette démarche est vraiment nécessaire. Et s'ils sont rouges, ce n'est pas le bon moment pour toi.

Dans la plus petite des actions se positionne ton destin. C'est un pas dans la direction de ta mission de vie. »

Oui, tout à fait !

J'aimerais te dire :

« C'est moi qui ai pas été toujours facile. Je pense qu'on ne se comprenait pas vraiment. Je le réalise depuis que je suis ici. Je suis pas toujours fier de la façon dont j'ai agi avec toi. J'étais contrôlant (rires) ! Ça, t'a bien raison ! Et borné aussi !

J'aimerais t'apporter la paix, comme je suis en train d'y goûter. Je mets de côté nos différends, car je comprends maintenant que toi et moi, on était pas sur la même longueur d'onde. Ça m'empêche pas d'être fier de toi. Je t'ai vu passer tes examens. T'as fait ça comme une grande !

Je suis de plus en plus heureux, je suis moins *chiâleux* ici (rire) ! Ne me demandez rien ! C'est à vous de comprendre vos choses ! Moi, j'ai assez des miennes à essayer de démêler ! Je fais de gros efforts. Ici je ne peux plus me cacher.

J'ai fait du mieux que je pouvais à l'époque avec ce que j'avais et ce que je connaissais. Je veux que tu saches que j'ai essayé plusieurs fois de changer, même si ça ne paraissait pas. Je me parlais fort des fois !

J'ai aucun regret de ce que j'ai laissé derrière moi, sachez-le. C'est à moi de vous demander pardon. Moi, j'ai accepté vos excuses. Je vous veux heureux et en santé, c'est tout ce qui compte ! »

Votre ange aimerait vous dire :

« Il faut que tu aies une belle image de toi-même, car tu es le reflet de tes pensées. Tu laisses transparaître tes états d'âme, tes émotions et c'est ce que la plupart des gens perçoivent de toi.

Sans t'arrêter à l'opinion des autres sur toi, tu as tout de même besoin d'être en relation avec eux. Lorsque tu projettes l'image d'une personne sûre d'elle et avenante, ils n'ont pas le choix que de t'écouter. Laisser une bonne impression va toujours te servir, même si c'est pour le futur.

Quand tu te sens bien à l'intérieur, quand tu es fier de toi, ton énergie se déploie dans ton aura et tout semble plus facile, plus atteignable, n'as-tu jamais remarqué ?

Lorsque nous plaçons des gens sur ton chemin pour te complimenter sur tes talents, ta vie ou sur ta personne, accepte-les, car c'est la réponse à tes efforts et à ton travail sur toi-même.

Je t'invite à prendre une minute pour te rappeler la plus belle chose qu'on t'ait jamais dite ou le plus beau compliment qu'on ait pu te faire. Une fois qu'il sera remonté à ta mémoire, ferme les yeux, revis l'émoi positif que cela t'a procuré et enveloppe-toi de cette émotion.

À la suite à cet exercice, tu verras ton taux vibratoire s'élever immédiatement ! »

Une autre fois peut-être.

J'aimerais te dire:

« La paix et le bonheur, ma petite fille, ça se cultive, ça arrive pas tout seul! Tu peux pas toujours te sentir responsable et concernée de tout (soupir)!

Moi, je me trouve bien où je suis. Je vous aide parfois, mais je ne me mêle pas de vos affaires. Je sais que tous font des efforts, chacun à sa façon. Tu ferais mieux de penser à toi et à ce que toi, tu veux faire. Arrête de penser aux autres!

J'essaie d'aller te voir dans tes rêves, mais ce que tu peux être agitée et préoccupée! Je suis présente quand tu le demandes, mais je ne peux régler vos affaires. Vos invitations me font toujours plaisir.

Prenez soin de mes petits-enfants, ils me manquent tellement. J'aurais voulu avoir la chance de passer plus de temps avec eux autres. Ne doute pas du petit quand il te parle de moi. Son canal est encore pur, il n'a pas tous les parasites causés par la peur et les croyances. Alors, il me voit et me parle couramment et j'aime bien ça (rires)!

J'espère que vous allez faire attention à vous. Merci pour tout ce que tu as fait pour moi avant mon départ et aussi après. Je continue de prier pour vous. »

Votre ange aimerait vous dire :

« *T'ai-je déjà dit qu'un sourire pouvait changer une vie ? Tu as sûrement entendu ou lu une histoire dans laquelle, par le sourire et l'encouragement d'une autre personne, une personne était encore en vie aujourd'hui ?*

Nous passons parfois par votre intermédiaire pour secourir une âme en peine, un être perdu. Car celui-ci a souvent perdu sa connexion avec nous.

Alors si, dans un geste spontané, tu as le goût de sourire ou de tendre la main à une autre personne, fais-le. Nous sommes là pour te guider sur ce qu'il te faut dire ou faire. Tu es réceptif et nous t'en remercions.

Si tu es placé dans un cas contraire où une autre personne te sourit ou te tend la main, sache qu'un ange parfois se cache derrière ce geste.

Un sourire peut faire toute une différence dans une journée, autant pour celui qui le donne que pour celui qui le reçoit. Je t'invite donc à t'exercer tout de suite. Si tu es seul, va devant un miroir et souris-toi à toi-même ! Sinon, lève les yeux de ce livre et souris à la première personne dont tu croiseras le regard... Observe ensuite les réactions. »

Il te faut y mettre plus d'amour.

J'aimerais te dire :

« J'avoue que je suis un peu confus. C'est difficile pour moi de me séparer de ma (la) terre ! Je voudrais ne pas être parti, en tout cas pas maintenant. Je voudrais être encore utile pour mon monde.

Ils (anges) veulent que j'avance, mais moi, je comprends rien. Je sais plus trop. Je le sais que je suis mort, vous l'avez assez répété et vous en parlez encore ! Mais ne me demandez pas ce que j'en pense si je peux plus rien faire !

J'm'ennuie d'aller me promener. Y a beaucoup de choses que j'ai pas eu le temps de faire. J'aimerais prendre le temps de m'bercer. D'attendre mes petits-enfants sur la galerie. J'aurais tellement eu de choses à leur raconter, à leur montrer !

J'ai eu une belle vie, j'ai été amoureux, j'ai eu de beaux enfants, une belle famille, une superbe maison ! J'espère avoir fait attention à tout c'monde-là !

Là où je réfléchis en ce moment, je ne suis pas seul. Plusieurs membres de ma famille m'accompagnent et je les en remercie. Ils sont patients et m'aident à comprendre. Ils ont l'air tellement heureux. J'espère avoir l'air de ça un jour. Pour le moment, je voudrais être auprès de ma femme, elle a besoin de moi »

Votre ange aimerait vous dire :

« Remercie le ciel, remercie l'univers, le cosmos, Dieu. Peu importe ta croyance. Aie un moment de gratitude pour tout ce qui t'entoure, ce qui est à portée de ta main.

Remercie-toi, c'est important, car c'est grâce à toi-même que tu es là où tu es en ce moment.

Remercie les gens qui évoluent autour de toi. Apprécie leur présence pour ce qu'elle t'apporte et ce qu'elle fait évoluer en toi.

Aie de la gratitude envers les objets qui te facilitent la vie : la voiture, le téléphone, l'ordinateur, un livre. Envers ce qui te comble : la nourriture, l'eau, le sommeil, la santé.

Remercie la vie pour ce que tu as plutôt que de soupirer pour ce que tu n'as pas. Ne te compare pas aux autres, car chaque personne possède ce dont elle a besoin pour effectuer sa mission de vie. C'est un privilège que de vivre libre et heureux de ce que l'on a.

Apprends ou réapprends à dire ce simple mot : merci ! Et sois-en conscient lorsque tu le dis. »

Sois plus convaincant.

57

J'aimerais te dire :

« J'm'ennuie du baseball. Ce que je donnerais pour jouer, juste une *game* ! On me permet de vous suivre (l'équipe), mais c'est pas pareil, c'est pas la même sensation. Je le sais que les gars pensent à moi des fois !

J'voudrais aussi être capable d'embrasser ma petite-fille. Je le fais tous les soirs, mais ça aussi, c'est pas pareil. J'pense à toutes les choses que je vais manquer quand elle sera grande. J'espère que sa famille fera attention à elle. D'où je suis, je veille sur elle du mieux que je peux. La voir dans ses rêves n'est pas suffisant.

Je pense encore des fois que c'est pas juste la vie : venir au monde et tout oublier et ensuite, faire du mieux qu'on peut pour faire sa vie à tâtons. En mourant si jeune, je me suis rendu compte que je n'étais pas à la bonne place, j'avais tout faux, j'avais rien compris aux signes.

C'pas grave, je me reprendrai et je demanderai d'être plus ouvert aux choses spirituelles, je me tiendrai loin de l'argent et des possessions matérielles. J'apprendrai à aimer mieux ma femme et à apprécier ma famille (rires) ! Je veux juste leur dire que je les aime ! »

Votre ange aimerait vous dire :

« L'eau est essentielle à la vie humaine. Il faut en boire suffisamment tous les jours. Ton corps physique en a besoin pour fonctionner, pour être en santé. Cette eau amène de l'oxygène à tes cellules.

Elle sert aussi à libérer tes toxines et à purifier ton corps intérieurement. Elle te permet d'évacuer ce qui n'est plus utile.

L'eau est aussi une puissante source d'énergie. Sous la douche ou dans ton bain, elle te permet de nettoyer la saleté, mais ce qu'il y a aussi sur tes corps subtils. Elle permet aussi de te détendre ou encore de te réénergiser.

Une étendue d'eau, tels un lac, une rivière ou encore la mer, t'énergise encore davantage, car elle alimente la vie de centaines d'êtres vivants. De plus, certains plans d'eau où la teneur en sel est élevée servent à nettoyer tout le négatif accumulé dans tes corps d'énergies.

Sois heureux d'avoir cette ressource en abondance, utilise-la intelligemment et consciemment.

L'eau te permet aussi d'entrer en contact avec les autres dimensions, car elle est conductrice. Si tu veux me sentir près de toi lors de ta prochaine méditation, plonge-toi dans l'eau. »

La lumière te fera prendre une bonne décision.

J'aimerais te dire:

«Coucou! Allo! C'est moi, vous m'avez trouvée! Je vous apporte des fleurs et je veux vous dire merci pour tout le bien que vous apportez. Les gens ici sont contents de pouvoir communiquer. C'est à mon tour (rires)! Je voudrais dire à mes parents un gros merci de m'avoir reçue dans leur vie. Ma maladie n'était pas facile à vivre et je voudrais les remercier pour tous les soins qu'ils m'ont donnés. Grâce à eux j'étais bien dans mon mal. Je veux aussi remercier mes tantes et oncles qui ont aidé mes parents.

Papa, maman, c'était toute une épreuve dans votre vie, mais vous l'avez relevée haut la main! Papa, merci de m'avoir fait rire autant, même si parfois je voyais tes larmes à travers tes drôles de faces (rires)! Tu me manques.

Maman, merci pour ta douceur, tes gestes, tes caresses. Ton contact, le contact de tes mains sur mon corps me manque, ça m'apaisait. Tout comme tout ce que tu me racontais. Tu sais, je le savais que tu étais fatiguée.

Tout ça, c'est du passé! Je suis très bien ici, libre et libérée de mon corps malade. Je prie tous les jours que vous soyez libres et en paix à votre tour sur terre pour tout ce qui vous reste à faire, à accomplir. Je vous offre une fois de plus tout mon amour!»

Votre ange aimerait vous dire :

« Savoure le moment présent, car il ne reviendra pas. Si tu écoutes une musique, prends le temps d'entendre les paroles. Le compositeur y a mis ses pensées, ses émotions, son inspiration et une partie de son vécu. Cela peut te servir.

Si tu contemples un arbre, observe le mouvement de ses feuilles. Imprègne-toi de son énergie. Vis tes émotions. Laisse passer tes pensées sans t'arrêter sur une en particulier.

Arrête-toi juste un instant dans cette journée. Écoute ton corps, ce qu'il te dit, ce qu'il t'envoie comme message. Prends le temps d'écouter ta respiration.

Prête attention à la température de ton corps. Habille-toi un peu plus si tu as froid ou trouve une façon de te rafraîchir si tu as chaud.

Être conscient de son corps physique te permet d'être conscient de tout ce qui t'entoure : les bruits, les sons, les images, l'action, et de ce qui t'habite : les sensations, les sentiments.

Tu pourrais être surpris de reprendre contact avec toi-même en prenant le temps de t'arrêter quelques instants.

Et, dans cette pause, il te sera plus facile de nous entendre ou de percevoir notre présence. »

Vous serez heureux.

J'aimerais te dire:

«Croyez en vos rêves, croyez-y fortement! Quand je vous vois sur la terre errer sans but, quelle tristesse! Ne savez-vous donc pas la chance que vous avez? Sachez en profiter.

Toute ma vie, j'ai pensé bien faire en donnant aux autres, à mes parents, à ma famille, à mes amis, à ma parenté. Mais en arrivant ici, j'ai compris que tous ces sacrifices n'étaient pas nécessaires, que j'aurais dû m'occuper un peu plus de moi.

Je n'ai pas de regrets malgré tout, car j'ai aimé m'occuper de mon monde, ça été ça ma vie. Mais aujourd'hui, en donnant mon message, c'est ça que je voudrais que les gens comprennent: de ne pas s'oublier!

Ma belle amie, d'où je suis, je t'entends, je t'entends avec le cœur. Je sais quand tu es heureuse ou quand tu es fâchée. Je suis avec toi en pensée et dans ton cœur. Je sais que tu suivras ta voie et que tu feras ce que tu as à faire. Je suis drôlement fière de toi. Arrête de te faire continuellement des reproches.

Pense toujours à la lumière. Place Dieu dans tes prières et va ton chemin avec confiance et sérénité. Pense à toi et fais les choses en fonction de toi. N'aie pas peur, je suis là!»

Votre ange aimerait vous dire :

« Ce que tu ne dis pas, ce que tu as peur d'affronter n'est qu'une façade, quelque chose qui se cache à l'intérieur de toi.

Aucune épreuve n'est au-dessus de tes forces. Nous avons pris le temps de tout vérifier ensemble. Je t'ai promis de t'accompagner tout au long de ton cheminement et c'est ce que je fais.

Nous ne savons pas pourquoi l'être humain a inventé l'expression : « Je ne suis pas capable ! » Cela ne figure pas dans notre réalité et ne fait pas partie de toi.

Chaque obstacle qui se dresse sur ton chemin te fait découvrir la force qui sommeille en toi. Ne te demande pas comment tu feras pour passer au travers, fais confiance à cette force intérieure, accroche-toi à ta petite voix qui t'encourage à poursuivre.

Rien n'est impossible dans la vie. Mais il y a des détours qui feront de toi une personne plus expérimentée et remplie de connaissances que tu prendras plaisir à partager quand tu iras mieux.

Quelles épreuves dans ta vie t'ont apporté de la sagesse et qui, malgré tout aujourd'hui, t'ont rendu plus heureux ? »

Soyez prêt à vous amuser.

J'aimerais te dire :

« Si vous voulez savoir, c'est pour ça que je suis parti! À cause de tout ça! J'en pouvais plus. Je voulais que ça arrête! Je regrette tellement. J'avais pu de forces pour me défendre, c'est ça qui m'a achevé!

C'est ici que j'ai enfin compris. Et j'en ai compris des affaires! Toutes ces épreuves-là, toutes ces relations-là, c'est moi qui les avais choisies. J'étais pas puni! Le problème, c'était ma tête. Tout ce qu'elle disait. Pis comme j'ai toujours eu de la misère avec mes émotions, ça s'est tout mélangé et j'ai perdu.

Je ne conseille pas à personne de vivre ça et de prendre le suicide comme solution. Parce que quand on est ici, on comprend. On voit tous les outils qu'on possède. Moi, j'ai voulu oublier et je m'arrangeais pour oublier et me cacher. C'est ce que ça a donné.

On a pas le droit au même traitement quand on arrive ici, on est plus encadré. J'ai pas vu ma famille tout de suite. Et ils ne m'ont pas félicité. Aujourd'hui, ils prennent soin de moi. Ils me donnent beaucoup d'amour. Je suis toujours en apprentissage. Mon but, en vous donnant ce message, est d'empêcher que d'autres fassent ça parce que c'est pas bien et ça soulage pas. Et on travaille plus fort ici! Allez, salut! »

Votre ange aimerait vous dire :

« Médite ! Reste tranquille ! Fais le vide à l'intérieur de toi.

C'est le meilleur moyen d'obtenir des réponses à ce que tu cherches. Tu peux aussi attendre la nuit pour le demander et avoir ta réponse par l'intermédiaire d'un rêve.

As-tu déjà essayé une retraite fermée ? Ne dis pas : ce n'est pas pour moi ! Tu serais surpris de ce que tu pourrais entendre dans le silence. Il existe des endroits, renseigne-toi. Mais tu peux aussi aller passer une journée à la campagne, sans téléphone, sans ordinateur.

Parfois, ton mental te joue des tours. Il ne sait pas faire la différence entre ce que tu désires et ce qui fait réellement partie de ta mission.

Alors, quand tu t'arrêtes un instant et que tu écoutes dans le calme ce que te dit ta petite voix intérieure, tu es un peu plus près de la vérité.

Pour t'aider à faire taire ton mental, tu peux t'exercer en récitant un mantra.

Aussi pose-toi la question suivante : pourquoi as-tu besoin de toute cette agitation autour de toi ? Qu'est-ce que tu ne veux pas entendre ? »

Ne soyez pas déçu.

J'aimerais te dire :

« (Rires) Si tu savais combien je suis bien maintenant ! Mais toi, je sais que tu as des hauts et des bas. Ne t'en fais pas, il m'arrive souvent d'être près de toi pour te réconforter et t'aider. Je voudrais en faire plus, mais je ne peux pas.

J'aimerais t'enlever cette douleur qui enserre ton cœur à chaque fois que tu penses à moi. Arrête de penser à ce que tu aurais dû faire ou aurait pu faire. Cesse de te demander si j'ai été heureuse. La réponse est oui ! Je suis capable maintenant d'apprécier la vie que j'ai eue avec toi.

Je voudrais justement te remercier pour toutes ces belles années. On en a compris des choses ensemble, hein (rires) ? Je suis triste d'être partie, d'être sortie de vos vies comme ça, mais j'avais réellement terminé ce que j'étais venue faire sur terre.

Je suis fière de toi, de ma famille, du tournant que certains ont pris. Je vous accompagne du mieux que je peux. J'ai aussi des choses à faire ici. J'évolue. Je revois des moments de ma vie et je médite dessus, afin de tout comprendre pour ne pas avoir à recommencer dans une prochaine vie.

À mon mari, je veux te dire que je t'aime et que mes sentiments sont encore là où je suis. Je ne te quitte pas. J'attends tout simplement dans une autre dimension ! »

Votre ange aimerait vous dire :

« Libère-toi de ton passé. Cesse de penser que ce sont toujours les mêmes choses qui reviennent. Arrête-toi et essaie plutôt de comprendre.

Ton passé t'empêche d'avancer, d'évoluer. Que peux-tu y changer ? Rien. Ce qui est fait est fait. Sers-t'en plutôt comme d'une expérience. Ne regarde pas en arrière, cela crée des regrets et cela ne t'est pas utile dans ta vie.

Le passé est l'endroit d'où tu viens et non celui vers où tu t'en vas. Si ton passé regorge de beaux souvenirs, utilise-le pour élever ton taux vibratoire et prendre de l'énergie, sinon tourne la page.

Je peux t'aider à passer à autre chose. Plutôt que d'avoir peur de ce qui pourrait arriver à cause de ton passé, donne-moi une chance de te montrer que demain peut ressembler à autre chose. »

Exercice : Je te propose, comme exercice de libération, d'écrire sur une feuille tout ce que tu veux vraiment mettre derrière toi. Une fois que tu as terminé d'écrire, brûle cette feuille en prononçant simplement cette phrase : « Ce qui est passé appartient au passé, je fais maintenant place au nouveau et au meilleur dans ma vie. »

Donnez au temps le temps de faire son temps.

J'aimerais te dire :

« Ma petite maman, je suis heureuse et prête à te parler. Mon parcours n'a pas été facile. L'accident qui m'a pris ma vie, je l'ai longtemps regretté.

Mais le travail des anges autour de moi, tout votre amour, tout votre dévouement m'ont ouvert les yeux et j'ai pu continuer. Au début, je l'ai fait pour toi, maman, car je ne croyais pas ce qui m'arrivait. C'est après, quand j'ai compris qui j'étais et ce que j'étais, que j'ai continué par moi-même. Maman, tu m'as donné des ailes pour que je puisse suivre les anges. C'est tes prières, ton amour qui m'ont ouvert les yeux ! Je veux te dire merci ! Merci de m'avoir mise au monde une deuxième fois dans cet autre univers ! Tout en sachant la peine et la douleur que cela t'occasionnait.

Maintenant, ici, j'aide d'autres âmes à comprendre leur mort. Je les aide à quitter leur famille, à laisser aller le monde matériel dans lequel nous avons vécu. Beaucoup n'ont pas la chance d'avoir une famille comme moi pour les aider. Alors, je te demande, maman, de prier pour ces âmes afin de leur envoyer un peu d'amour.

Je suis présente dans vos pensées, dans votre cœur, il m'arrive de vous faire de petits coucous, mais je ne m'attarde pas trop, car j'ai beaucoup à faire ! Je vous aime et je vous embrasse fort ! »

Votre ange aimerait vous dire :

« Être une meilleure personne ? Comment faire ? Simplement en étant toi-même et en étant surtout honnête envers toi-même. Il ne faut pas chercher à être "le" meilleur, juste meilleur que tu ne l'étais hier.

Être meilleur veut dire : être plus sage, plus conscient et plus compréhensif. Et c'est toi qui vas en bénéficier le premier. Par la suite, les autres verront ton rayonnement et ils auront le goût de partager avec toi.

On ne peut être "le" meilleur en toutes choses, car il n'y aurait plus de défi. Encore une fois, il s'agit pour toi, simplement, d'être meilleur que la dernière fois !

Et moi, je suis là, juste à côté, en train de t'encourager à ne pas baisser les bras, à repousser tes limites, à te faire voir jusqu'où tu peux aller. Ne t'inquiète surtout pas, car lorsque je te sentirai fatigué, je te ferai savoir que tu dois te reposer.

Un jour, quand tu auras terminé ta mission sur terre et que tu traverseras dans l'au-delà, je te montrerai ces moments où tu étais à ton meilleur et aussi tous les trophées et médailles que j'aurai gardés pour toi ! »

Avec beaucoup de plaisir !

J'aimerais te dire:

« Contente de voir que tu veux de mes nouvelles (rires)! J'ai eu de la misère à partir, c'est vrai. J'croyais pas trop à l'endroit où je m'en allais. J'avais peur. Peur que ça soit pas vrai. Mais quelle surprise j'ai eue en ouvrant les yeux, ma conscience, sur ce nouveau monde! J'avais peur pour rien (rires)!

Même si vous me manquez tous, la vie sur terre ne me manque pas, au contraire je suis contente que tout soit terminé. Un jour peut-être je recommencerai, mais pas là (rires)! J'ai fait ce que j'ai pu et je pense que c'était bien. Ici je me suis rendu compte que j'étais bien plus malade que je le pensais. J'aurais pas voulu continuer de vivre comme ça.

On a eu du bon temps, toi et moi! On a ri beaucoup. Je recommencerais n'importe quand. Ça me faisait du bien quand je te voyais arriver, on aurait dû faire ça plus souvent.

Prends soin de toi, des autres, dis-leur que j'm'ennuie, que je les embrasse tous et que je les sers fort sur mon cœur. Et dis-leur aussi que j'ai été bien heureuse avec tous vous autres! »

Votre ange aimerait vous dire :

« *Pars à l'aventure, sors des sentiers battus, de ta zone de confort. Voilà ce que je te propose, car la réponse que tu cherches se trouve peut-être ailleurs que là où tu la cherches.*

N'as-tu pas remarqué dernièrement que j'essaie de provoquer des changements dans ta vie ? Plus tu vas te retenir et t'accrocher, plus ce sera difficile pour toi. Tu n'as plus rien à faire dans cette situation, plus rien à apprendre.

Si tu veux poursuivre, il te faut prendre un nouveau chemin et découvrir tous les petits trésors qui t'y attendent. La vie est un perpétuel changement et plus tu en suis le rythme, mieux s'en porteront tes vibrations. Ce sera ainsi plus facile pour toi de définir ta voie.

Cela veut aussi dire de prendre des risques. Risque de perdre, mais aussi risque de gagner quelque chose de mieux. Car la vie est ainsi faite : si l'on en suit le rythme, nous allons toujours vers quelque chose de mieux. »

Exercice : Comme exercice, essaie de repérer les signes que je t'envoie afin d'effectuer des changements. Regarde partout, si minime que soit le signe que tu peux percevoir.

Avec beaucoup de patience.

J'aimerais te dire :

« Eh ! Salut la sœur ! Chu content de te parler ! J'ai beaucoup évolué depuis mon passage sur terre. J'en aurais des choses à te dire ! Par où commencer ?

Avant, je me préoccupais pas trop des autres et de ce qu'ils pensaient, je m'attardais juste à mon petit monde à moi. Astheure, je comprends et si je peux aider je l'fais.

Désolé et excuse-moi si, des fois, j'ai été distant avec toi. Distrait de ce qui se passait dans ta vie. Des fois, j'aurais dû être plus souvent là. Pis d'autres fois, j'aurais dû me taire (rires) ! J'aurais dû me mêler de mes affaires. T'étais assez grande pour savoir ce que tu faisais !

Prends soin des enfants, ils me manquent tant. Même si, des fois, ils te font de la peine, considère-toi chanceuse de pouvoir les serrer dans tes bras. Merci d'avoir fait de ton mieux quand je suis parti. Je sais tout ce que tu as fait pour moi. C'est pas tout le monde qui a compris. Moi-même, j'ai eu plein de réactions pas toujours drôles.

Maintenant, ça va bien, je comprends beaucoup plus le rôle de ma mission. Je suis auprès de ma femme pour l'aider, auprès des enfants de la famille, tous sans exception, de ceux qui sont encore là, dont toi (rires) ! »

Votre ange aimerait vous dire :

« Je suis heureux quand tu es heureux. Je suis content quand je sais que tu fais des choses que tu aimes. Cela veut aussi dire que tu prends du temps pour toi. C'est une forme de liberté que tu peux te permettre sur terre.

Un homme heureux est un homme libre. Et quand tu te sens libre, ton énergie est décuplée. Tu as la force d'entreprendre de nouveaux projets, de retourner aux études ou encore de faire un enfant.

La liberté se trouve dans ta tête et dans ton cœur. C'est une source inépuisable. À tout moment, tu n'as qu'à fermer les yeux et à entrer à l'intérieur de toi-même. Peu importe le lieu où tu te trouves ou la situation dans laquelle tu es impliqué. C'est la liberté de penser et la liberté d'aimer que tu veux.

La liberté d'agir t'appartient aussi, mais en pensant aux conséquences qu'elle peut provoquer chez les autres. À partir du moment où cette liberté ne nuit pas à autrui ni ne le pénalise, tu peux l'utiliser afin de profiter au maximum de cette sensation.

Aujourd'hui, qu'est-ce que je pourrais me permettre de faire ? Dans quelle action ou quelles circonstances puis-je me sentir libre en ce moment ?

Souviens-toi, si tu es heureux, je le suis aussi ! »

Tout se peut avec de la volonté.

J'aimerais te dire:

« Je me vois à son âge! Pas facile, hein! Ce qu'il vit, ce qu'il essaie de comprendre. Dans mon temps, on n'était pas ouvert de même. Pis on jouait à bien d'autres choses. Mais quand la nuit venait et que tous les autres dormaient, moi, je voyais des ombres. Au début, c'était juste des ombres, mais après, elles me parlaient.

Au déjeuner, ma mère me regardait d'un drôle d'air, j'ai toujours soupçonné qu'elle savait et qu'elle voyait elle aussi. Mais on en a jamais parlé. C'est quand je suis parti de la maison que ça s'est arrêté. Maintenant, je sais que c'est mes ancêtres qui venaient me voir parce que j'étais "miraculé".

Le petit me voit parce qu'il a la faculté. Je suis là pour veiller sur lui et le protéger des autres entités qui sont parfois des vampires d'énergie. Dis-lui de faire attention.

Quand il quittera la maison et qu'il sera assez grand, je le suivrai à distance. Si ma mission m'amène ailleurs, je l'aurais aidé! C'est un bon garçon, tu peux être fier de lui (rires)!

Dis à ton fils de ne pas avoir peur quand je fais du ménage dans les énergies de sa chambre (rires). Dis-lui de m'aider en faisant des prières. »

Votre ange aimerait vous dire :

« L'avenir à proprement parler, ton avenir, n'est pas tout à fait créé. Il n'a d'établi que ses grandes lignes. Alors, si tu le désires, nous pouvons le regarder ensemble et essayer de faire en sorte qu'il se conforme à ce que tu désires le plus.

Ensuite, je vérifierai s'il correspond bien à ce que tu as choisi de venir faire sur terre. Ne t'inquiète pas, je ne m'embourberai pas dans les titres que tu voudras bien te donner. Mon but est de veiller à ce que tu sois content de toi-même au terme de ton cheminement.

Nous pouvons voir ton avenir dans tes rêves. Il suffit pour toi de le demander avant de t'endormir afin que je puisse te montrer ce à quoi il ressemble.

Nous pouvons le contempler durant une période de méditation ou de relaxation. Si tu élèves suffisamment tes vibrations, ton taux vibratoire, je pourrai te montrer des images ou te faire entendre certaines petites choses qui t'attendent.

Nous pouvons aussi nous servir d'une tierce personne qui peut percevoir les anges, en l'occurrence un être réceptif, je pourrais passer par cette personne pour te faire comprendre ce que j'essaie de te dire.

Ton avenir est rempli de probabilités qui peuvent changer, tout dépendant de ton libre arbitre. »

Rien n'est impossible !

J'aimerais te dire :

« Oui, j'évolue ! Pas tout le temps, mais j'fais des efforts (rires) ! J'veux pus être sur la terre, j'explore ma dimension, enfin celle sur laquelle je me trouve, mais je cherche. Je cherche un sens à ma vie, je l'ai pas encore trouvé !

Là aujourd'hui, je pense aux enfants. Je me demande ce que c'est d'être papa. C'est drôle, car j'ai toujours su au fond de moi que je saurais pas ce que ça serait. Alors, pour le moment, je me colle sur ceux qui en ont pour mieux comprendre.

J'veux pus revenir à maison, ça j'ai compris, mais j'ai de la peine à concevoir qu'on a eu juste ça de temps pour s'aimer ! J'aurais perdu moins de temps ! J'vais toujours être avec toi peu importe où tu es.

Il faut que j'étudie, que j'apprenne à quoi j'ai servi, à quoi rimait ma vie. De tous ceux que j'ai rencontrés, toi, t'étais mon âme-sœur. Un jour, on va se revoir, on va se retrouver.

J'ai encore besoin de tes prières pour avancer. Oui j'ai encore des choses pesantes sur le cœur, mais ça va aller. Continue de me parler, je t'entends. J'te réponds pas, parce que tu peux pas m'entendre (rires), mais je suis avec toi.

Amuse-toi, pense à toi, ça me fait du bien quand tu fais ça ! »

Votre ange aimerait vous dire :

« Tu veux changer ? C'est possible ! Ne crois pas le contraire. Il faut d'abord que tu désires changer pour toi-même et non pas pour plaire à une autre personne ou pour obtenir quelque chose de futile et de temporaire.

Pour commencer à changer, il faut que tu sois capable d'accepter qui tu es présentement. C'est en prenant conscience de ce qui te dérange que tu peux effectuer des modifications.

Ce que tu désires changer ne s'est pas installé en toi du jour au lendemain. Les changements ne se produiront donc pas eux non plus du jour au lendemain. Il te faudra être patient et surtout compréhensif envers toi-même.

Vas-y ! Une chose à la fois ! Un cycle d'environ 21 jours est préférable avant de passer à un changement. Pendant ces 21 jours, je te conseille de prendre conscience de toutes les fois où tu répètes le comportement que tu veux changer. Ne t'en fais pas, je vais tenter d'attirer ton attention chaque fois que tu voudras reproduire ce comportement nuisible.

Remplace ta mauvaise habitude, ta mauvaise manie par un geste positif ou encore par un mot positif. L'automatisme qui se produisait chaque fois que la situation se présentait va disparaître peu à peu, jusqu'à ne plus être une solution pour toi.

Être conscient est la clé de tous les changements. »

Il te faut voir avec les yeux du cœur.

J'aimerais te dire :

« Papa, maman ? Je suis là, présent avec vous chaque fois que vous pensez à moi. Je suis votre fils et peu importe le temps que j'aurai vécu dans ton ventre, je ferai toujours partie de la famille.

J'ai des frères et sœurs et je suis joyeux. Maman, tu as besoin de beaucoup d'amour à leur donner à tous (rires) ! Des fois, je t'aide, surtout quand tu as de la misère à te faire écouter (rires) !

Papa, tu es un homme fort ! Comme j'aurais voulu te ressembler si j'avais grandi ! Tu t'occupes bien de maman et des petits. Je suis fier de toi !

À ma grande sœur, je voudrais dire que, des fois, tu ne sais pas toute la chance que tu as d'avoir ces parents-là ! Même si des fois, ils sont pas drôles (rires) ! Si je peux te consoler ou même t'aider à comprendre, fais-moi signe. C'est pas parce que j'étais un bébé que je peux pas comprendre ! Tu as un grand cœur et je t'aime ! Psst ! Ma place préférée dans la maison, c'est dans ta chambre à toi (rires). Quand tu lèves les yeux vers le plafond près de la fenêtre ! Mais je me promène partout !

Je m'arrête ici, mais je pourrais continuer encore. Je vous aime, mes parents et ma famille ! »

Votre ange aimerait vous dire :

« Tu voudrais que le monde change ? Tu as probablement raison. Mais seras-tu le premier à changer pour que ce monde puisse ressembler à ce que tu souhaiterais ?

Un petit geste, un seul, peut faire la différence. Plus tu souhaiteras t'améliorer et que tu donneras l'exemple autour de toi, plus ce monde changera.

Vois ce que tu peux faire pour ce monde avant de penser à ce que ce monde t'apporte. N'oublie pas que tu as choisi de vivre dans ce monde. Et encore aujourd'hui, tu as la possibilité de changer de ville, de province et même de pays si tu trouves que ce monde ne te convient pas.

L'extérieur est souvent le reflet de notre intérieur, observe ce qui te dérange dans ce monde et fais un parallèle avec ton monde intérieur. Quelles émotions cela fait-il surgir en toi ? Colère ? Haine ? Ignorance ?

Tu as le pouvoir de guérir ce monde avec l'amour et les prières. En prenant conscience de sa misère et en priant, tu te guéris toi-même.

Ne juge pas trop hâtivement un peuple, une race. Il y a un peu de Dieu dans chaque être, chacun a une raison d'être et une mission à accomplir.

Encore une fois, je suis à tes côtés pour t'aider à comprendre ces situations. »

Oui, si tu sais penser à toi.

J'aimerais te dire :

« Nous nous sommes retrouvés. J'aide ton père à cheminer dans sa lumière, lui n'a pas encore tout compris ! Nous sommes désormais heureux.

Nous avons quitté un monde dans lequel nous n'étions plus bien, mais nous ne vous avons pas quittés, vous, nous sommes dans vos mémoires et dans votre cœur.

Papa veut te dire que tu l'as rendu bien heureux, il t'adore ! Nous sommes bien fiers de toi et de ta petite famille. Oui, nous voyons arriver les petits nouveaux. Nous faisons des prières pour vous afin que s'éclaire votre conscience sur les choses que vous faites sur la terre, tout comme vous le faites pour nous afin de nous aider à continuer notre chemin spirituel. Pour le moment c'est plus ton père qui en a besoin (rires), il traîne de la patte un tit-peu !

Quant à moi, je me laisse bercer par les énergies et la musique, cela élève mon taux vibratoire, cela me donne de belles émotions. Je suis guérie, enfin, de ce qui bloquait mes énergies et qui avait causé ma maladie. J'te dis que j'en ai compris des affaires !

Chante avec les anges, chante avec les oiseaux, ça fait tellement de bien ! Continue, ma belle fille, ton cheminement sur cette terre. Ensuite, tu viendras nous retrouver. On t'aime ! »

Votre ange aimerait vous dire :

« Le bien et le mal. Pourquoi doit-on vivre tantôt d'un côté, tantôt de l'autre ? Nous appelons ceci l'équilibre. Il y en a qui parviennent à rester à cheval sur la ligne, alors que d'autres vont dans une direction plus que dans l'autre.

Le monde des anges préfère te garder du côté de la lumière. Mais pour parfaire ton éducation terrestre, nous acceptons que tu puisses parfois tremper un orteil du côté du mal. Encore une fois pour atteindre un équilibre.

Mais qu'est-ce réellement que le mal ? C'est d'avoir une mauvaise intention envers autrui. C'est faire ou dire quelque chose qui peut blesser un autre être humain. C'est avoir honte de quelque chose.

Alors que l'amour, c'est vouloir faire le bien, avoir de bonnes intentions, vouloir rendre les autres heureux, en commençant par soi-même.

Tout ce que nous faisons, c'est de te guider vers le bien et ce qui touche ta mission de vie. Jamais nous ne t'encouragerons à faire le mal, à poser des gestes répréhensibles. Nous sommes amour.

Ton équilibre se voit dans ton karma qui résulte du lien de cause à effet. Je suis en ce moment même présent derrière toi et je t'encourage, alors que tu fais la lecture de ce message, à continuer de faire le bien autour de toi comme tu le fais présentement. »

Quelqu'un sera très généreux envers toi.

J'aimerais te dire :

« Le temps ne compte pas, il ne compte plus ! De mon vivant, j'ai donné tout ce que je pouvais, alors je suis morte en paix !

Quel plaisir j'ai eu à élever cette famille-là ! Des moments heureux j'en ai-tu eus (rires) ? Même si nos enfants ne font pas tout ce qu'on aurait voulu, moi, je voudrais dire que je suis fière d'eux. Quelques-uns ont déjà terminé leur mission et sont ici avec moi, les autres sont encore sur terre pour la terminer.

Ici, nous sommes remplis de chaleur et de dévotion. La Vierge Marie prie avec nous pour aider les familles.

Continue de chanter, ma fille, ta musique se rend jusqu'à nous et nous berce de douceur. Moi, j'en ai assez fait sur terre, maintenant, je vous laisse faire (rires) !

Je ferme les yeux, je pense aux souvenirs heureux, je savoure ces instants passés près de vous tous. Je refais mes énergies avec ces pensées-là. Bientôt, je me dirigerai vers une nouvelle mission, ici, dans cette nouvelle dimension. Mais je pense à vous et je serai là pour vous à votre arrivée ici, comme j'ai été là pour les autres.

Prenez soin de vous et continuez de faire le bien ! Ainsi soit-il ! »

Votre ange aimerait vous dire :

« Ta vie ressemble à tes pensées. Alors, prends quelques minutes pour observer ces pensées. Sont-elles agréables ? Ou au contraire sont-elles angoissantes ? Négatives ?

Je t'encourage à faire un effort pour mettre plus de positif dans ces pensées, pour avoir en tête des images et des émotions plus réjouissantes. Ta vie s'en portera beaucoup mieux.

Tout est une question d'attitude. Tu ne peux changer ce que tu ne contrôles pas, c'est-à-dire tout ce qui est extérieur à toi. Par contre, tu peux choisir tes pensées. Et ces pensées vont dicter ton attitude.

Reste-toi-même le plus souvent possible. Tu as le droit d'être déçu, d'être en colère, ces émotions sont même bonnes pour ton équilibre. Mais dès que tu le peux, pense à des choses positives. Autrement dit, tente de voir le bon côté des choses.

Si tu as une entrevue, une rencontre, ou si tu planifies un nouveau projet, aie des pensées positives, car tu vas attirer à toi ce que tu penses. S'il te plaît, visualise-toi heureux dans cette entrevue ou cette rencontre. Je travaille fort pour t'amener là où tu le demandes.

Et même si l'on ne répond pas à tes attentes, nous aurons tout de même un bout de chemin de fait, qu'en penses-tu ? »

Travaille ta persévérance !

J'aimerais te dire:

«J'aimerais tout d'abord te serrer dans mes bras et pouvoir savourer ce moment. Te dire un gros merci pour m'avoir accepté dans ta vie et avoir pris soin de moi. Tu avais tellement raison, on était faits pour être ensemble.

Je suis conscient que mon départ a fait un grand vide dans ta vie, mais je sais que tu n'es pas toute seule, heureusement.

Il me semble que je suis parti bien trop vite, il nous restait tant de choses à faire ensemble! Si tu veux me faire plaisir, continue, continue de faire des choses qui te font du bien, qui peuvent te rendre heureuse, c'est ce que je veux. Ne reste pas dans la maison, sors! De toute façon, je t'accompagne où que tu sois, j'ai tout mon temps astheure (rires)!

Ne perds pas trop de temps à ressasser le passé. Demeure dans le positif le plus souvent possible, cela va t'aider. Les petites misères de la vie, on a tôt fait de les oublier ici, mais les moments de bonheur peuplent notre attente dans la dimension où l'on chemine. Accumules-en le plus possible.

Oui, il m'arrive d'être avec toi dans la maison, mais c'est ici maintenant que je suis bien. Encore une fois, merci d'avoir été ma compagne et je t'embrasse fort!»

Votre ange aimerait vous dire :

« Tu souhaites du nouveau dans ta vie ? Je peux t'aider. Je suis même heureux que tu y penses. Attention, ce n'est pas toujours facile de t'y retrouver. Tout d'abord, sais-tu dans quel domaine tu souhaites voir surgir cette nouveauté ?

Pour faire de la place à la nouveauté, il ne faut pas avoir peur de sacrifier certaines choses. Qu'es-tu prêt à sacrifier ?

Maintenant, pour aller vers cette nouveauté, il te faut poser des gestes, entreprendre des démarches. Hélas, je ne peux faire apparaître cette nouveauté par miracle !

Je suis derrière toi, derrière chacun des signes qui sont placés sur ta route afin de te conduire vers le résultat final.

Quand tu souhaites la nouveauté, c'est que ton âme est en évolution, que tu es prêt à passer à une autre étape de ta vie. Il n'y a pas de petite ou de grande nouveauté. Chaque changement engendre une certaine évolution et prise de conscience.

Tu as le droit de rêvasser. De te voir dans un autre endroit, avec une autre personne. Tu as aussi le droit de laisser la nouveauté se réaliser dans cette rêverie et non dans la vie réelle. Mais prends garde ! Tôt ou tard, ces pensées pourraient devenir réalité. »

Tout se passera bien.

J'aimerais te dire:

«Ma femme, mon trésor! Tu me demandes si je suis fier de toi? Je suis bien plus que fier. Vois-tu tout ce que t'as accompli depuis que je suis parti?

Chaque saison qui passe sur la terre m'éloigne un peu plus de toi. Ce n'est pas que je te quitte ou t'abandonne, loin de là. C'est que, moi aussi, je vois toute l'évolution que j'ai parcourue depuis mon départ.

Tu es une bonne mère, je te vois aller avec tous les enfants et petits-enfants. Je sais que ce n'est pas facile, et quand tu te demandes si je les vois et si je suis fier, la réponse est oui!

Je les entends tes prières, je les entends tes demandes, et dis-toi que je fais ce que je peux. Pour ma part, je suis bien où je suis. Je fais ce que j'ai à faire. J'ai vu le déroulement de ma vie. Y a beaucoup de choses que je referais exactement pareil, tandis qu'il y en a d'autres que j'essaierais de faire différemment.

Même si le travail est important dans la vie, car il amène beaucoup de choses, je prendrais davantage le temps de vivre, d'apprécier les petites choses et je passerais plus de temps avec toi et avec la famille.

Pour finir, sache que j'ai été très heureux!»

Votre ange aimerait vous dire :

« Tu te demandes si parfois, tu dois tout savoir ? Si tout est bon à dire ? La vérité. C'est un bien grand mot que vous utilisez sur terre. Tu dois penser bien au-delà de ça. Ce que tu crois savoir est TA vérité. Pour une autre personne, cela peut être différent.

Tu crois en moi ? C'est TA vérité. Tu me sens, tu m'entends ? C'est TA vérité et non LA vérité.

Les choses vraies sont celles que tu peux expérimenter. Dans tes émotions, tes ressentis et surtout dans tes expériences personnelles.

Dans une seule vie, on ne peut tout savoir et tout expérimenter, c'est pourquoi les âmes reviennent souvent sur terre. Tes expériences passées, dans d'autres vies, te sont utiles dans cette vie, tu as donc en toi plusieurs vérités.

Est-ce que tu dois tout dire ? À toi-même ? Je crois que oui. Aux autres ? Pas nécessairement. Demande-toi surtout si ce que tu as à leur dire est constructif ; si oui, choisis tes mots, à tout moment pense que c'est TA vérité à toi, ta perception. Si, au contraire, tu n'es pas certain, abstiens-toi.

Vérité et perception sont indissociables. Si tu crois en ce que tu dis, sans te nier des choses à toi-même, alors c'est ça, la vérité et elle t'appartient. Maintenant, fais ce que tu crois être le mieux pour toi. »

Cela se fera dans le calme.

J'aimerais te dire :

« Bon, bon, bon ! Qu'est-ce que tu fais ? Qu'est-ce que tu attends pour être heureuse ? Si t'attends après les autres, tu vas attendre longtemps ! On en fait tous des erreurs dans la vie, mais les erreurs, c'est parce qu'on a essayé quelque chose et vaut mieux essayer quelque chose que de rester là, les bras croisés ! Ne laisse pas la vie décider pour toi ! Affirme-toi !

J'ai été une mère comblée avec toi. Tu m'as fait une grande place dans ta vie, tu as partagé beaucoup de choses avec moi et je voulais te remercier de m'avoir fait confiance, mais aussi de m'avoir choisie comme mère. Grâce à toi, j'ai pu m'épanouir et m'accomplir. C'était mon rêve d'avoir des enfants et tu es arrivée, je me suis raccrochée à toi.

Je te vois agir aujourd'hui avec tes enfants et je te trouve bonne, tu es à ta place. Ne sois pas trop dure avec toi. Les enfants ne comprennent que lorsqu'ils deviennent parents à leur tour (rires). L'important, c'est de les aimer, y a rien d'autre à faire, ou presque !

Je souhaite qu'à travers les moments les plus difficiles, tu puisses encore te confier à moi. Tu n'es pas seule. Ne te décourage pas, lève la tête et dis-toi que tu es la personne la plus importante de ta vie. Allez, je t'envoie un camion bien rempli d'énergie ! »

Votre ange aimerait vous dire :

« Le bonheur. J'aimerais attirer ton attention sur ce simple mot. Il existe, il existe vraiment ! Et de plus, il est à ta portée. À tout moment, tu peux le saisir, tu peux t'en délecter.

Il n'a pas de durée dans le temps. C'est toi qui en décides. Il peut être là pendant quelques secondes, quelques minutes et parfois, tu peux le faire durer toute une journée. Le bonheur, c'est avant tout un état. Il n'est pas dans une chose ou dans une autre personne. C'est ce que tu ressens à l'intérieur de toi-même.

C'est une vibration agréable qui peut même te faire monter les larmes aux yeux. Il faut que tu apprennes à savourer ces moments, à t'en imprégner afin de t'en rappeler pour les jours où tu te sentiras perdu ou dépassé.

Il peut être provoqué par plusieurs choses : la vue de gens heureux, un accomplissement personnel, un coup de téléphone, un simple moment sur ton balcon, à la maison ou dans un pays étranger.

Ton bonheur ne dépend pas d'une situation ou ne vient pas d'une autre personne, ni même de moi ! Non, il ne dépend que de toi. Regarde bien ta vie et cherche ce qui te rend heureux. C'est ça, le bonheur ! »

Rempli de sérénité.

J'aimerais te dire :

« Tu sauras, ma chère petite-fille, que toi et moi, on se ressemble beaucoup. Nous avons beaucoup d'affinités en commun et ça, je l'ai su dès ta naissance. La manière dont tu me regardais avec de grands yeux. J'ai su tout de suite que toi et moi, on se connaissait d'une autre vie. Mais de mon vivant, je n'aurais su l'expliquer. Ce n'est qu'en évoluant ici que j'ai compris.

Au début de ma maladie, je me suis posé beaucoup de questions, je ne comprenais pas mon état. Pourquoi moi ? Qu'est-ce que j'avais bien pu faire pour mériter ça ? Mais surtout, je me demandais ce que tu allais devenir quand je ne serais plus là.

Je sais maintenant que je peux t'être plus utile là où je suis que vivant sur la terre. Notre vie ne s'arrête pas sur la terre, ici non plus d'ailleurs. Je te rappelle que nous changeons seulement de dimension. Tu es toujours la bienvenue pour venir me voir lors de tes rêves (rires) !

Je t'aime très fort et je veux encore ce qu'il y a de mieux pour toi. Accueille le bonheur en toi, remercie chaque jour la vie pour ce qu'elle t'apporte et garde-moi présent dans tes prières. »

Votre ange aimerait vous dire :

« De quoi es-tu responsable au juste ? De toi, de ce que tu fais. De ce que tu penses et aussi de ce que tu veux. Parfois, je dois dire aussi de ce qui t'arrive.

Ce que tu vis présentement est la conséquence d'un choix que tu as fait. Volontairement ou inconsciemment. Ce choix n'est peut-être pas direct ou récent, mais d'une façon ou d'une autre, il vient de toi.

Le plus important, c'est que tu as le pouvoir de changer tout ça. De changer la situation. De l'améliorer. Cela te demandera à l'avenir d'être plus conscient de tes choix. Il ne faut pas blâmer les autres. Il faut regarder maintenant ce que tu peux faire pour être mieux.

Si tu ne peux revenir sur un choix que tu as fait, fais-en de nouveaux et prends ton temps, ne sois pas pressé. Réfléchis aux conséquences.

Tu n'es pas responsable de ce que pensent les autres, de ce que les autres décident de faire ou de dire, mais si tu les suis ou t'en préoccupes, tu deviens responsable de ton état.

Même lorsqu'on te demande conseil, l'autre devient responsable de ses choix et de ses actions. Chacun est responsable de son destin, et toi, tu ne peux intervenir dans celui des autres. »

Fais le vide dans ta tête et reformule ta question.

J'aimerais te dire :

« Si je suis heureuse ? Comment donc ! Tout est tellement plus facile ici ! Mais attention, il faut que je travaille pareil (rires) ! Pour l'instant, je travaille sur moi. Sur mes émotions, ma personnalité. Crois-le ou non, j'essaie de m'améliorer ! Encore (rires) !

Quand je trouve ça trop dur ou douloureux, je joue dans les couleurs, je peins, du moins j'essaie. Je joue aussi dans les tissus, les textures, cela m'apaise. Les couleurs, les créations, eh ! que ça fait du bien, ça !

D'ailleurs, mets-en donc un peu plus dans ta vie (rires) ! De dehors, tu es rayonnante, mais parfois, je te vois de l'intérieur et c'est terne, même des fois, c'est sombre ! Si tu me le demandes, je t'aiderai. Tu n'auras qu'à fermer les yeux et à penser à moi. Ensuite, imagine un arc-en-ciel qui virevolte en dedans de toi !

Je ne retournerai pas en arrière, ce qui a été fait est fait ! Maintenant, je sais prendre soin de moi et je fais de meilleurs choix. Ici, quand on fait quelque chose, comme un changement par exemple, le résultat est immédiat. Alors, ça nous dérange pas de recommencer plusieurs fois la même chose.

Oh ! Et ici, y a pus rien pour m'énerver (rires) ! Même si je suis très bien, vous me manquez ! Viens me voir pendant tes rêves ! »

Votre ange aimerait vous dire :

« Sois toi-même en toute chose et en toute expérience. Ce n'est pas facile, je le conçois, mais je suis là avec toi pour t'aider à tout instant à être à ton meilleur, pour toi et pour les autres.

Lorsque tu essaies d'être différent de ce que tu es vraiment, d'être quelqu'un d'autre, tu fais fausse route. Tôt ou tard, ta vraie nature reprendra le dessus.

Vouloir être une autre personne cache bien souvent quelque chose : un mal-être, une gêne, un regret. Fouille au fond de toi pour trouver la cause. Moi, je t'aime tel que tu es, tu pourrais en faire autant. Tu es plein de belles qualités, de talents.

Tu es unique ! Tu es toi ! Et sois fier. J'ai choisi de t'accompagner peu importe la vie que tu as entreprise, alors tu es spécial.

Pourquoi vouloir te cacher ? Au contraire, affirme-toi, affirme qui tu es. Chaque personne a droit à sa place et il faut que tu prennes la tienne. L'important, c'est que tu sois bien dans ce que tu vis, dans ce que tu portes, dans ce que tu dis quand tu t'exprimes, en fait, dans tout.

Tu es capable de trouver les bons mots, de poser les bonnes actions tout en restant toi-même. Et s'il te plaît ne te dénigre pas car cela me fait beaucoup de peine pour toi. »

Tu es certain que c'est ce que tu veux ?

J'aimerais te dire :

« J'ai besoin de toi, besoin de tes lumières (prières). Quelque chose ou quelqu'un tire mes énergies. C'est quelque chose qui appartient au plan terrestre. Bien sûr, mon ange est là, il me fait du bien. Il me remonte quand j'en ai besoin.

Mais c'est dès que je vous visite sur votre plan terrestre que je perds mes énergies. Je ne sais pas si quelqu'un me réclame. Toi, tu peux m'aider, toi, je t'entends bien, je te ressens bien, tes pensées à mon endroit sont belles et pures, tu me fais du bien.

Si ce n'était pas de ça, je me porterais vraiment très bien. Ai-je le droit d'être heureuse maintenant ? Sans me sentir coupable ou sans attendre une permission ?

Toi, tu es tellement belle, tu es comme une fleur qui s'épanouit. Tu sais faire ton soleil, tu es si intelligente. Je t'ai toujours appréciée. Je t'admirais de loin avec tout ce que tu as réussi à faire dans ta vie.

Tes visites m'ont fait plaisir, m'ont fait tant de bien. Recevoir de tes nouvelles me rassurait. Je pense beaucoup à toi, car cela me fait du bien. Pense à moi, envoie-moi des énergies ! »

Votre ange aimerait vous dire :

« Tu es bien plus fort que tu ne le penses. Autant dans tes émotions que dans ta tête et dans ton être physique. Les limites sont là pour nous faire réfléchir avant de reprendre le chemin et de continuer.

Parfois, il t'arrive d'abandonner quand tu es juste sur le point de réussir. Je le vois bien et j'essaie de te le faire comprendre, mais tu ne t'en rends pas compte, tu es épuisé et je le comprends.

La prochaine fois, avant de t'arrêter, consulte-moi. Je te dirai si on doit continuer encore quelques instants ou si nous devons prendre une pause.

Quand tu sens à l'intérieur de toi une poussée, un élan d'énergie, c'est ma réponse. Fonce ! Quand tu sens à l'intérieur de toi que tu pousses dans le vide, alors c'est signe que tu dois t'arrêter et étudier la situation.

Tu as en toi la force de traverser tout ce qui est sur ton chemin. Et parfois je place des gens sur ta route pour t'aider afin que cela te semble moins difficile. Alors, quand quelqu'un te tend la main, apprends à dire merci et saisis-la. C'est loin d'être une faiblesse que d'accepter l'aide d'une autre personne.

Si tu es mal à l'aise de demander cette aide, ne t'inquiète pas, je vais mettre les bonnes personnes sur ta route, tu n'as qu'à me le demander. Et surtout ne juge pas celles que je t'envoie, je sais ce que je fais ! »

Tu dois d'abord penser à toi.

J'aimerais te dire :

« Je n'arrive plus à me souvenir. Pourquoi j't'ici ? Tout ce que je sais, c'est que je suis bien. C'est donc ben long avant de la voir, c'te lumière là !

J'entends la voix de ma femme, mais je la vois pas, je la trouve pas. J'continue de chercher, c'est pas vrai que j'vas me décourager !

Tout ce que je sais pour maintenant, c'est que j'ai pus de corps physique. Que c'est de la lumière à place, mais quand je lève la tête, j'la vois pas la *mosusse* de lumière !

Y a ma fille qui me donne des chocs, ça fait toutes sortes de couleurs en moi. Dans ces moments-là, ça me fait du bien et ça me projette dans les étoiles, mais ça dure jamais ben, ben longtemps !

Pourquoi j't'ici déjà ? Ah, ma fille veut me parler ? Pourquoi que c'est pas elle qui le fait (confusion) ? J'grandirai pus, ça c'est ce que je sais. Il faut aussi que je comprenne ma vie, y a des bouts qui me reviennent et je ris tout seul. Mais je suis pas tout seul, y a quelque chose qui me suit tout le temps et je comprends pas c'qui dit.

J'vais aller essayer de me trouver ! »

Votre ange aimerait vous dire :

« Le hasard ? Il n'existe pas. Chaque chose qui se produit autour de toi est le fruit d'une action quelconque et a sa raison d'être, rien n'arrive pour rien.

Parfois, les gens choisissent de rendre le hasard responsable d'une erreur ou d'une déception, ne trouves-tu pas ? Ils associent quelque chose de dérangeant au hasard, ce qui n'est pas le cas.

La vie peut changer, on peut modifier certaines parties de son destin, car l'être humain possède son libre arbitre. Moi, qui suis toujours avec toi, je m'ajuste à tes libres-choix. Je replace d'autres choses sur ta route pour que tu restes tout de même sur ta voie. Ce que toi tu appelles hasard, moi, c'est mon travail !

J'aimerais que tu puisses réaliser que j'ai mis des énergies dans les événements que tu trouves étranges ou troublants, afin que ceux-ci puissent se produire.

Ce n'est pas pour rien qu'au moment où tu penses à une personne, elle t'appelle ou que ton chemin croise le sien, c'est moi qui te souffle l'information afin que tu puisses te préparer.

Ce n'est pas pour rien que tu ouvres la bonne porte au bon moment, je t'y ai placé. Peu importe l'expression que tu utilises, en parlant du hasard, demande-toi simplement ce que cela peut signifier pour toi ! »

Très certainement !

J'aimerais te dire :

« Allo, ma belle ! Oui, je fais de mon mieux ! Merci de t'occuper de moi, de nous tous ! T'en as plusieurs (rires) ! C'est correct, c'est toi !

Je suis encore un peu faible, mais j'ai toute ma conscience. Je sais ce que je fais maintenant. Il faut pas que j'aille trop vite. Là, j'apprends à me détacher de mes émotions ! C'est pas fait, je te l'annonce tout de suite (rires) ! C'était ce qui était dur sur terre et ça l'est ici aussi, sauf que je ne ressens pas comme avant.

Là je prends l'émotion et je la regarde, j'essaie de la comprendre et j'essaie de voir ce que cela m'a causé de mon vivant. Quand j'ai compris, je la relâche et je l'oublie. Je m'en détache complètement et elle ne revient plus.

Nous avons chacun un travail spirituel à faire où nous sommes et nous célébrons chaque étape que nous traversons. Je voulais te dire merci pour ton amitié, ta solidarité. Tu as été respectueuse envers moi et j'en suis bien heureuse.

Maintenant, je ne sais plus quel temps il fait sur terre, ni où tu es rendue dans ta vie, mais cela me fait plaisir de pouvoir te raconter ce petit bout de ma nouvelle vie ! Viens me donner des nouvelles de toi ! »

Votre ange aimerait vous dire :

« Ce qui se dresse devant toi et qui ressemble à un obstacle, eh bien, dis-toi que ce n'en est pas un. C'est pour toi le moment de prendre une pause, un temps d'arrêt pour réfléchir et établir une nouvelle stratégie.

Commence par observer cet obstacle. Sa grosseur, son poids, sa densité. Ensuite, regarde autour de toi, quels sont les outils que tu possèdes et qui sont à ta portée ? Comment pourraient-ils t'être utiles ?

Maintenant, comment comptes-tu agir ? Fais quelques plans et scénarios avant de passer à l'action. As-tu déjà rencontré un obstacle semblable auparavant ? Si oui, souviens-toi de la manière dont tu l'avais surmonté à l'époque et utilise cette solution. Non ? Alors c'est une nouvelle expérience qui te fera grandir, c'est certain.

Tu peux même t'asseoir avec moi et en discuter, je pourrais te suggérer des pistes. Je ne te dirai pas comment faire, ça c'est à toi de le trouver, tu es intelligent. Mais avec ce que je peux faire pour toi, tu vas y arriver.

Maintenant que tu as un plan, un scénario, contemple encore une fois cet obstacle. Ne trouves-tu pas qu'il a diminué ? Qu'il paraît moins gros ? Tu vois, tu t'inquiétais peut-être pour rien. Il est temps de passer à l'action. S'il te plaît ? »

À la prochaine pleine lune.

J'aimerais te dire :

« Depuis que je suis ici, je n'arrête pas une seconde. Tu sais, j'ai juste changé de dimension, je ne suis pas complètement partie.

Maintenant, mon monde c'est ici, et c'est pas que j'vous oublie, bien sûr que non, mais il nous faut tous avancer. Nous avons tous eu de la peine quand je suis partie, moi la première. J'ai longtemps été triste et bouleversée. Mais j'ai compris que si je voulais aider ma famille, il fallait que je prenne sur moi et que j'avance !

Me voilà bien heureuse loin de toute cette agitation terrestre, je reste présente dans vos cœurs. Je me manifeste à vous de plusieurs manières. Ma préférée est de venir vers vous dans vos rêves.

À certains d'entre vous, je fredonne des berceuses (rires) ! La musique apaise, j'y mets mes énergies et le tour est joué, soudainement vous êtes plus calme, et si vous êtes sur le point de vous endormir, vous le faites aussitôt. Les petits comme les grands (rires) !

Même si j'évolue dans ma nouvelle dimension, je veille sur ma famille, je ne vous abandonne pas. Merci pour toutes ces belles années que vous m'avez données. Je suis partie avant vous, mais c'est pour aller vous attendre tout simplement ailleurs ! »

Votre ange aimerait vous dire :

« Pour ne pas avoir de regrets, il faut savoir saisir les occasions, prendre ce qui passe, ce qui t'est présenté. La vie est pleinement remplie d'expériences et de situations.

Juste aujourd'hui, peux-tu noter tout ce qui t'est arrivé ? Imagine que toutes les personnes que tu as rencontrées ou à qui tu as parlé étaient comme des portes donnant sur un couloir, combien en as-tu empruntées ?

Il ne faut pas revenir sur ses pas pour emprunter un autre couloir, car les portes se sont refermées. Ne reste pas debout devant une porte fermée en te demandant ce qui te serait arrivé derrière celle-ci. Rien de ce que tu peux imaginer n'existe puisque tu n'as pas pris ce couloir...

Le temps que tu perds à avoir des regrets est du temps qui pourrait te permettre d'avancer, de bâtir, d'expérimenter. Les regrets ralentissent ton évolution. Fais plutôt confiance à tes choix et regarde le merveilleux couloir dans lequel tu as décidé d'avancer.

Je préfère te voir dans l'action que dans la stagnation et l'attente. Les couloirs empruntés ont tous, à un moment ou à un autre, une autre série de portes que tu pourras encore une fois choisir.

Maintenant, à toi de décider, restes-tu immobile devant cette porte ou marches-tu avec moi ? »

Aide une autre personne d'abord.

J'aimerais te dire :

« T'en vouloir ? Mais pourquoi ? Devrais-je me fier à notre dernière année seulement ? Au contraire, je n'ai pas de quoi t'en vouloir. Ce par quoi nous sommes passés nous a fatigués tous les deux. Je ne t'en veux pas. Ne pense pas seulement aux derniers temps. Vois notre vie, celle d'avant, avant que je sois malade.

N'aie pas peur, je serai là pour toi. Plusieurs membres de la famille sont là avec moi et parfois, avec toi. Essaie de profiter de la vie si tu peux malgré les différentes contraintes.

Ne pense pas que tu déranges, bien au contraire, les gens ont besoin que tu sois là. Fais des lectures sur ce qui nous attend après. Renseigne-toi.

Je t'aime beaucoup, et ça, ça ne changera pas parce que je suis dans un autre endroit. Je veux te savoir heureuse et en paix maintenant, c'est pour cela que j'ai accepté de faire ce message. J'espère qu'il te fera du bien.

Quand tu te demandes où je suis, ne cherche pas trop loin, je suis juste là, près de toi, à côté. Je tiens toujours ta main, comme tu as tenu la mienne jusqu'à la fin ! »

Votre ange aimerait vous dire :

« Parfois je te trouve lunatique. Je me demande ce que tu attends. Je m'inquiète. Bien sûr, cela fait du bien de prendre une pause, d'apprendre à relaxer, à recharger ses batteries.

Mais quand cela fait quelques jours que je te vois comme un robot, exécutant la même routine, j'essaye de trouver quelque chose pour te faire sortir de ta léthargie.

Sur terre, tu ne fais pas qu'exister. Tu as une âme qui a besoin d'expérimenter, de vivre. Tu sais ce que veut dire le mot vivre ? Cela veut dire ressentir des émotions dans tout ce que tu fais, vis et apprends. J'aime même mieux te voir te fâcher d'une situation que de te voir la subir sans rien faire et sans aucune émotion.

Si tu laisses simplement le temps s'écouler en attendant la fin, ni toi, ni moi n'allons réussir notre mission. Tu seras de retour à nouveau sur cette terre et tu auras un karma à régler une fois de plus.

Je ne te demande pas de constamment vivre des émotions fortes, mais de prendre de plus en plus conscience de ta présence sur terre et de ce que tu as à accomplir. Fais-le pour toi-même, pour ceux qui t'accompagnent et aussi pour moi.

Alors, es-tu prêt à faire quelque chose de différent aujourd'hui ? Viens, suis mes signes ! »

Ton ange a bien compris la situation.

J'aimerais te dire :

« J'suis encore ici, près de vous autres ! Tu le dis toi-même, y a pas de limite de temps. Ça m'arrive encore de faire des singeries, mais moins souvent. Quand ça fait plus rire personne, quand personne ne s'en rend vraiment compte, c'est désolant.

J'ai jamais voulu grandir sur terre, c'est pas ici que je vais commencer (rires) ! J'suis ben content de savoir qu'un jour, j'vais retrouver tout le monde.

Même si ça fait longtemps que suis parti, j'm'ennuie encore de manger. J'ai pas encore compris le lien entre la nourriture et mes émotions. Bah ! Un jour, j'comprendrai, je suis pas pressé.

J'voudrais aider plus ma famille, mais je suis pas doué pour ça. Y a des places où j'ai foutu la merde et j'ai pas pu arranger ça avant de partir. En tout cas, j'espère qui en a qui comprendront ! Pour les autres, j'm'arrangerai avec eux quand ils arriveront.

J'suis content que vous continuiez de me parler, de penser à moi. Dès que je peux, j'essaie de vous faire signe. Ça arrive qu'il y ait un mur pour moi entre nos dimensions. Ça m'empêche d'être là avec toi.

Oui, je suis fier de mes filles et de mes petits-enfants ! »

Votre ange aimerait vous dire :

« *Tu envies parfois les autres ? C'est normal, tu es un être humain en pleine évolution. Tu voudrais ressembler à cette autre personne ? Pourquoi ? À cause de son apparence ? De sa confiance en elle-même ? Ou pour ses bijoux, sa voiture, sa maison ? Ou encore pour ses connaissances ?*

Tu crois qu'elle est mieux que toi, qu'elle est plus heureuse ? Si je te laissais porter ses souliers pendant 24 heures, tu le saurais. Tu saurais ce que cette personne a sacrifié dans sa vie, ce qu'elle a enduré pour en arriver à ce que tu vois et envies.

Ses souliers, tu ne les porterais probablement pas plus de quelques minutes. Car ce n'est pas le chemin que tu as choisi. Tu peux admirer ce que cette personne possède, mais tu peux aller le chercher si tu le veux vraiment, si tu es prêt à y mettre tous les efforts. Tu admires cette personne, alors tu peux développer un talent ou une capacité qui te fera devenir aussi rayonnant qu'elle.

Et pendant que tu regardes la vie d'une autre personne en rêvant, je t'annonce que toi aussi, on te regarde et on t'envie. J'aimerais te prêter leurs yeux et leurs pensées pour que tu puisses réaliser qui tu es et ce que tu possèdes.

Il faut parfois prendre un pas de recul pour admirer sa propre vie et surtout ce qui s'y passe. »

Demain.

J'aimerais te dire :

« J'voulais en finir avec la vie. J'te demande pardon ! J'suis pas le seul, on est plusieurs dans cette situation. On pose le geste en pensant que ça règle tout, mais c'est pas le cas. C'est juste de valeur qu'on sache ça une fois qu'on est arrivé icitte !

J'aurais voulu te dire que c't'accidentel, mais je peux pas. Astheure, il faut que j'affronte mes choix, mes décisions. C'est pas facile.

J'voudrais dire aux autres de pas faire ça ! C'pas le fun. On voit la peine de notre famille causée directement par nous. C'est un geste complètement égoïste, j'en témoigne aujourd'hui. Pourtant, à l'époque, je savais pas c'que ça faisait, j'ai juste pensé à moi, pis à mon mal.

Si je suis bien ? Pas vraiment, non. La vie était trop dure, en fait, c'est ce que je pensais. Avoir su ! Là c'est comme si j'étais revenu sur mes pas. J'vais devoir recommencer. Le mal, il part avec nous autres, on l'a encore une fois qu'on est rendu ici. J'ai honte. Et je regrette d'avoir fait autant de peine à mes amis et à ma famille.

En ce moment, je guéris tranquillement. N'ayez pas de pitié pour moi, mais envoyez-moi de l'amour et de l'énergie pour que je garde le courage de continuer ! »

Votre ange aimerait vous dire :

« Et si tu décidais aujourd'hui d'être simple ? Ce que je veux dire, c'est de mettre ton mental de côté. Essaie de ne penser à rien, simplement de prendre les choses comme elles viennent, sans t'interroger. Tu reçois une invitation, ne réfléchis pas, accepte ! Ne commence pas à réfléchir sur ce que tu vas porter. Reste simple.

Tu as besoin d'une journée à toi ? Prends-là ! Tu sais quoi ? La terre ne cessera pas de tourner. Tu es important, plus que toutes les raisons que tu pourrais inventer.

Reste dans la simplicité, fais ce qui te tente le plus. Si ce n'est rien, alors rien de plus simple ! Simple veut dire ne pas chercher de raison à quelque chose, c'est dire ou faire ce qui te passe par la tête. Aujourd'hui, dès que c'est compliqué, on arrête ! Tu t'en occuperas demain.

C'est souvent dans les choses simples que tu découvres les plus beaux trésors. C'est dans les gestes simples que tu deviens tout ému et tout heureux. Après une journée passée dans la simplicité, tu retrouves tes racines, ton essence.

Alors, c'est ce que je te propose maintenant. Sans réfléchir, dépose ce livre et dirige-toi vers ce que tu as réellement le goût de faire et surtout, fais-le simplement ! »

Crois en tes rêves ! Ils se réaliseront.

J'aimerais te dire :

« Merci, merci ! Je vais bien, c'est ça que tu veux savoir (rires) ?
La mort ? C'est rien (rires) ! Plus de peur que de mal. Avoir su
ça avant, je serais partie bien avant (rires) ! J'te dis pas ça pour
te faire pleurer, ben non ! C'est juste que tu t'inquiètes encore
pour moi !

C'est tellement beau ici ! On est tellement bien ! Une vraie
jouissance (rires) ! Attention, il faut le mériter ! J'ai eu toute une
armée d'anges pour m'accompagner dans le voyage, ils m'ont
dit que tu leur avais demandé de s'occuper de moi (rires) ! C'est
fait !

Maintenant, si tu permets, je me repose. Je me laisse tout simplement bercer par tout ce qui est beau ici, les fleurs, la nature,
les oiseaux. La musique aussi ! Pour le moment, je ne veux pas
trop penser. En fait, j'aimerais penser à rien (rires) !

Avant de retourner me bercer, je voudrais te dire merci à toi, tu
as été un ange avec moi. Je sais que tu m'as donné le meilleur
de toi-même, je sais aussi que tu es assez grande pour prendre
soin de toi. Alors, quand j'aurai accumulé assez d'énergie, je
viendrai te faire une petite visite, un petit coucou.

Salue tous les autres de ma part et dis-leur que je vais bien !
J't'embrasse ! »

Votre ange aimerait vous dire :

« Et si tu demandais à Dieu ? Tu sais, il t'écoute. Bien sûr, je suis son intermédiaire, mais il prend toujours le temps d'écouter les prières et les demandes. Il a beaucoup à faire, c'est pourquoi j'existe.

Nous sommes toute une équipe à travailler avec toi et pour toi. Moi, je suis celui qui est et sera toujours près de toi, les autres sont des guides et ils m'aident quand je suis débordé. Ensuite, ils poursuivent leur route pour en aider d'autres.

Mais, tout comme moi, Dieu est toujours là. Il lui arrive de faire des miracles, mais ce n'est jamais accompagné de feux d'artifice, ni de sensationnalisme. Il est très discret, mais très utile pour un coup de pouce.

Quand tu t'adresses à Dieu, fais-le dans tes mots. À voix basse, à voix haute, silencieusement, peu importe. Il entend tout. Ne le juge pas quand tu vois quelque chose de malheureux se produire. Il n'agit jamais directement, il fait confiance aux humains, il intervient seulement quand l'être humain déstabilise l'univers.

Tu ne le sais pas mais, jusqu'à maintenant, il a souvent agi dans ta vie. Un jour, quand tu reviendras dans l'au-delà, tu en prendras conscience. »

Une chose à la fois !

J'aimerais te dire :

« Eh oui, c'est moi, ton petit bébé ! J'voulais juste te dire que je t'entends. Comme quand j'étais dans ton ventre. Quand j'étais caché dans ta bedaine, tu le croyais que je t'entendais ? Eh bien, c'est encore pareil, crois-y donc !

Je le sais que t'as de la peine, tu le dis souvent que tu ne me connaîtras pas. C'est pas tout à fait vrai, tu sais. Tu me connais un tit peu, tu m'as porté. Ce que tu ne connaîtras pas, c'est de me voir grandir. Mais je suis là, j'existe !

Je suis juste dans une autre dimension. Une dimension spirituelle. Alors, ne me demande pas de questions du plan terrestre, comme ce que je pense de ta vie, je ne connais pas ça. En fait pas ton époque ! Il y a longtemps que j'ai pas habité sur terre. Et pour le moment, je ne suis pas prêt à revenir. On a trop de choses à comprendre, toi et moi !

Avec moi, y a d'autres enfants. On a tous chacun nos parents, notre famille, on évolue à travers vous et avec vous. Dans votre cœur, vos émotions. Vos rires, vos chagrins, on les vit tous (rires) !

J'suis là, maman, réellement, j'existe ! Je te sers très fort et je t'embrasse partout ! »

Votre ange aimerait vous dire :

« Tu peux partir en voyage, t'en aller le plus loin possible, t'exiler en plein bois, jamais tu ne pourras fuir ce qui se passe à l'intérieur de toi.

Tu pourrais choisir de t'étourdir avec toutes sortes de substances qui te permettront d'oublier pendant quelques instants ce qui se passe en toi. Mais à ton réveil, ce qu'il y a en toi sera toujours là.

Tu peux prendre plusieurs emplois, faire du temps supplémentaire, accepter plus de contrats pour fuir une situation dans laquelle tu n'es plus bien et pour ne pas penser surtout. Tôt ou tard, cela va te rattraper d'une autre manière.

Tu crois que de faire du bénévolat, d'aider les gens autour de toi est positif ? Pas toujours. Surtout quand ce bénévolat t'empêche de penser à ce qu'il y a à l'intérieur de toi.

Quelle situation en ce moment cherches-tu à fuir ? Que se passe-t-il à l'intérieur de toi qui te donne le goût d'être le plus loin possible ?

Tes émotions et tes états d'âme t'accompagnent partout où tu vas. Le décor, les gens, l'action peuvent te les faire oublier pendant quelques heures, mais il serait important que tu les affrontes, tu seras si bien après ! »

Écris ta demande sur un papier.

J'aimerais te dire:

« À l'époque où je suis né, ce n'était vraiment pas comme votre vie aujourd'hui. Il y a longtemps, mais je me rappelle. J'ai pas vécu longtemps, mais juste assez pour savoir que je me suis beaucoup cherché, que j'ai cherché un sens à ma vie en dehors du travail.

Tu es ma famille et je veux garder un contact avec toi. Même si on ne se manifeste pas souvent, nous sommes encore liés. Je ne peux pas te parler comme un vrai père ou comme tu l'aurais aimé, car mon expérience a été assez courte et il y a longtemps de ça. Mais en tant qu'âme engagée à mettre un enfant au monde, je me sens lié à toi.

De ce que je peux percevoir et savoir de toi, il y a de quoi être fier. Quand un membre de la famille quitte le plan terrestre, il nous donne, quand il a atteint sa lumière, des nouvelles des vivants. On dit beaucoup de bien de toi.

Moi, je te perçois en couleur, la plupart du temps, quand je suis près de toi, tu rayonnes d'un doux jaune ou d'un doux rose, cela dépend des fois !

C'est agréable de pouvoir te parler, j'espère que ce le sera tout autant pour toi de recevoir ce message. »

Votre ange aimerait vous dire :

« As-tu déjà pensé une minute que tu pouvais communiquer tes énergies aux autres ? N'aie pas peur de les perdre, tu ne peux transmettre que ce que tu as en surplus.

Dans l'univers, invisible à tes yeux, il existe un échange d'énergie continuel entre les êtres humains. Souvent, tout se fait en équilibre. D'autres fois, malheureusement, c'est le contraire. Si, après une rencontre, tu te sens fatigué, c'est que l'échange ne s'est pas fait. Tu as donné et l'autre n'a pas fait de retour.

À d'autres moments, tu débordes de tellement d'énergie que tu peux en donner davantage, et c'est dans ces moments-là que ton taux vibratoire s'élève rapidement.

Tu peux transmettre tes énergies par un sourire, par ton écoute, par tes mains réconfortantes, par ton rire, parfois même par des blagues. En transmettant tes connaissances intellectuelles aussi, par une formation, un cours, un enseignement.

Plus tu communiques ta joie, ton bonheur, ta bonne humeur aux autres, plus le retour est grand. Tu n'as même pas besoin de faire un effort ou de te poser des questions, cela se fait tout seul.

Moi-même, il m'arrive de t'envoyer de l'énergie quand tu en as besoin. La plupart du temps, je peux le faire pendant ton sommeil, c'est pourquoi il est important que tu prennes ta nuit au sérieux ! »

D'une façon claire et nette.

J'aimerais te dire :

« Mon évolution se fait lentement. Par étapes je dirais. Je peux pas tout expliquer, je ne saurais comment. Mais je vais bien.

Maintenant, je sais pourquoi j'ai aimé; je sais pourquoi j'ai souffert. Ça faisait partie de ma vie, tout ça! Y a des choses que j'ai réussies, d'autres non. Ici, j'ai fait tomber beaucoup de barrières que je m'étais mises moi-même.

Merci à ceux qui m'ont aimé, ceux qui m'ont supporté, ceux qui m'ont accueilli dans leurs vies. Qui m'ont aimé tel que j'étais. J'ai reçu beaucoup d'amour de votre part.

Vous savez, sur terre, je ne me livrais pas beaucoup, ça, j'ai pas très bien réussi (rires)! C'est donc un peu difficile pour moi de vous parler en ce moment, mais je m'améliore (rires)!

C'est encore beaucoup d'émotions pour moi de penser à ma famille, mais je suis très fier d'elle.

Dites-vous que ce que j'ai vécu, je l'ai vécu à cent pour cent et que je ne regrette rien, sinon d'être parti trop jeune! Merci de tout ce que vous avez fait pour moi, avant, pendant et après ma mort! »

Votre ange aimerait vous dire :

« Aujourd'hui, j'aimerais te lancer le défi d'accomplir quelque chose qu'on te croit incapable de faire. Choisis un but que tu voudrais atteindre. Je me prépare à relever le défi avec toi, n'aie crainte !

Le défi est de surprendre. Tu peux choisir une personne de ton entourage ou tout un groupe. Ensuite, établissons ensemble un plan : Où, quand et comment ?

Pas besoin que ce soit compliqué. Il pourrait s'agir de faire une recette, d'écrire une lettre, de prendre le temps, du temps de qualité pour quelqu'un...

Si tu as de la difficulté à choisir, je te propose de songer à un reproche qu'on a pu te faire dernièrement et avec lequel tu es un peu d'accord. Il s'agit de relever un défi, alors il faut faire un effort.

L'important, au bout du compte, c'est de le faire pour toi, même si le levier est de surprendre quelqu'un d'autre. Je parie que tu seras le premier surpris !

Et pourquoi ne pas essayer de me surprendre, moi, ton ange ? Il suffit de dépasser une limite que tu as toujours crue insurmontable.

Qui sait ? Peut-être relèveras-tu plus d'un défi aujourd'hui ? »

Pas du tout !

J'aimerais te dire :

« Désolé, mon grand, de ne pas avoir été là quand t'en avais besoin ! J'étais venu sur la terre pour faire des expériences, et Dieu sait que j'en ai fait !

Mais pendant que je faisais toutes ces expériences-là, je m'occupais pas trop de vous autres. Ça fait partie de mes regrets et y a rien que je puisse changer. J'aurais voulu avoir le temps de me rattraper avant de mourir, mais j'ai pas eu le temps. J'me console en sachant que vous êtes mieux que moi. J'vous aurai laissé un peu de bon malgré tout.

Un jour, tu comprendras pourquoi vous m'avez choisi. Aujourd'hui, je voudrais te dire merci de penser à moi, de me demander de te parler. J'accepte et je souris, même si tu ne me vois pas en cet instant précis.

C'est moi qui embarque des fois avec toi dans ton char ou sur ta moto. J'aime bien ça, faire des *rides* avec toi ! Prends soin de toi, ça vaut la peine. La vie malgré tout nous apporte des moments de bonheur, entre deux nuages !

Pour ce qui est de moi, je vais aller continuer de comprendre ma vie, je vais essayer de démêler tout ça ! Paix sur terre et dans vos cœurs, mes enfants. »

Votre ange aimerait vous dire :

« Fixe-toi un but et fixe-toi des moyens pour l'atteindre. Une âme qui erre sans but est une âme qui, tôt ou tard, se sentira perdue et perdra la foi. Tu es venu sur terre pour y accomplir quelque chose de grand, d'unique ! Ton âme le sait. Il te suffit de plonger à l'intérieur de toi-même pour y découvrir ta mission.

Commence par choisir ce que tu désires accomplir : être une meilleure personne, cesser de fumer, aider ton prochain, décrocher un nouvel emploi, rencontrer un homme ou une femme... Une fois que tu es décidé et que tu es sérieux, fixe-toi maintenant des objectifs simples et précis pour atteindre ton but. Débute par une action simple : sourire aux gens, penser à autre chose quand l'envie de fumer te prend, regarder autour de toi ce que tu peux faire maintenant pour aider quelqu'un, refaire ton CV, sortir prendre un café...

Chacun des buts atteints te rapproche de ta mission sur terre. Et sache que je suis avec toi à chacun de tes pas et dans chacune de tes actions. Il te suffit parfois d'écouter ta petite voix pour mieux me comprendre !

Quel est ton objectif aujourd'hui ? »

Si tu te fais assez confiance, oui !

J'aimerais te dire :

« Quelle tragédie ! Mais on s'en sort tous grandis, moi la première. Il a fallu que je comprenne bien des choses à travers ça. Quelque temps après ma mort, j'ai vu les gens tels qu'ils étaient réellement.

Je ne suis pas fâchée, mais j'ai été déçue. Ne crains rien, aujourd'hui, je comprends. J'ai évolué, je suis dans ma lumière. Ça a pris un certain temps à cause de mes émotions terrestres et de ceux qui me retenaient sur terre.

J'avance pour moi maintenant et non pour faire plaisir aux autres. Je ne peux pas faire leurs choses à leur place, il va falloir qu'ils le comprennent. Je veux donner de l'amour à ceux qui en ont besoin. Les âmes désincarnées, comme ceux qui sont encore vivants sur terre.

Je veux aider à soigner les âmes malades, leur redonner confiance et espoir en la vie éternelle, les aider à retrouver leur lumière comme on m'a aidée, moi, à retrouver le chemin.

Ne m'en veux pas tant de ne pouvoir t'apporter la preuve que tu exiges. Un jour, tu seras à ma place et tu comprendras. Si tu crois que je suis là quand tu me parles avec ton cœur, c'est tout ce qui compte.

Je t'aime aussi beaucoup ! »

Votre ange aimerait vous dire :

« Quelle que soit la durée de ce que tu vis en ce moment, le soleil va bientôt réapparaître. Malheureusement, c'est à travers les épreuves de la vie que ton âme grandit. C'est dans les pires moments que tu découvres tes forces, tes capacités. Non pas que je veuille que tu sois toujours dans l'épreuve, bien sûr que non !

Il te suffit de regarder derrière toi. La dernière fois qu'une de ces épreuves t'a accablé, comment t'en es-tu sorti ? Qu'as-tu compris ? J'ai été très fier de toi ! Regarde ce que tu as fait aujourd'hui ! Tu es maintenant plus fort, plus éveillé, plus sage.

Regarde en avant, vois ce qui se passe dans ta vie. D'une certaine manière, c'est toi qui a décidé d'être où tu es en ce moment. Tu peux donc décider tout de suite de la façon dont tu te sortiras de cette situation, tu en es capable. Place tes énergies au bon endroit. Il ne sert à rien de voir seulement ce que cette épreuve t'apporte de mal ou de difficultés.

Toi aussi, tu as droit à une place au soleil, où tu brilleras et où tu pourras être heureux. N'enterre pas ces expériences, au contraire sers-t 'en comme levier pour d'autres situations que tu pourrais vivre. Et, au fil du temps, quand tu verras s'approcher une épreuve, tu seras déjà prêt et tu pourras la contourner au lieu de la vivre à coup de grandes émotions. »

C'est la bonne décision.

J'aimerais te dire :

« J'te remercie de m'avoir choisi pour parler. J'suis content de t'entendre dire que tu m'as pardonné, ça m'a fait du bien. Ça prend ben du courage pour faire ce que tu as fait ! Merci.

Une chance qu'ici, on peut comprendre et se corriger, ça me console. Ne soyez pas tristes, car je ne suis pas loin. Oui, il m'arrive souvent de veiller sur toi. Je peux comprendre ce que tu vis parfois, même si cela ne m'est pas arrivé. Pour moi, c'était autre chose. Il ne faut pas te décourager, ma fille, ni abandonner. Chaque jour est une lutte et toutes tes petites victoires, il faut que tu en sois fière !

Je suis bien et je m'occupe. Ce que je fais, tu ne comprendrais pas, car ce ne sont pas des choses terrestres, mais cela m'aide à grandir dans mon âme.

Continue de prier et de demander de l'aide aux anges. Leur aide et leur appui t'aideront grandement. Tu n'es pas toute seule, ma fille, même si parfois tu penses le contraire. Et écoute un peu plus ta petite voix intérieure !

Nous nous retrouverons bien un jour pour parler de tout ça ! En attendant, prends soin de toi et ne lâche surtout pas ! »

Votre ange aimerait vous dire :

« Aujourd'hui est la journée des bonne actions. Tu vas changer le monde! Une personne à la fois. Tu vas mettre du soleil et de la joie dans la vie de ceux que tu vas croiser. Si tu te laisses aller à mon petit jeu, tu verras à la fin de ta journée les bienfaits que cela t'aura apportés.

Je te laisse choisir la première personne. Par la suite, je vais en mettre quelques-unes sur ton chemin. Certaines auront besoin seulement d'un sourire, d'autres que tu ouvres une porte. Il y en a peut-être une aujourd'hui qui aura besoin de ton écoute. Ne vois pas ça comme quelque chose de difficile, contente-toi d'écouter ce qu'elle a besoin de raconter. Tu sais, elle ne veut pas que tu lui dises quoi faire ou que tu lui trouves une solution. Non, seulement que tu l'écoutes.

Ce soir, en entrant à la maison, souris sans arrière-pensée à ton mari, à ta femme. Prends cinq minutes pour écouter la journée de tes enfants à l'école, sois là totalement et, à la fin, félicite-les! Prends le temps. Décroche ton téléphone et appelle tes parents, écoute ce qu'ils ont a raconter: leurs petits bobos, leurs petits problèmes.

Et, avant de te coucher, revois cette journée et prête attention à tout ce que tu auras ressenti. Regarde combien de plaisir tu en as retiré, seulement en étant là, en faisant une bonne action. Cette nuit, je serai avec toi pour t'emmener faire de beaux rêves!»

C'est un bon choix.

J'aimerais te dire :

« Je le sais que tu me demandes, mais jusqu'à maintenant, je savais pas comment te répondre, comment tu allais comprendre que c'était moi qui te parlais, alors j'ai attendu et me voici !

Je sais aussi que tu as plusieurs questions. Que tu cherches encore à comprendre. Tu sais, j'étais pas doué de mon vivant pour te donner des explications. J'en ai pas plus maintenant. J'ai pas encore tout compris.

Je sais que je dois m'excuser, mais je ne sais pas tout et pourquoi. Alors, prends ce que j'ai à te donner aujourd'hui, le reste viendra plus tard.

Oui, nous nous sommes retrouvés, tout le monde va ben. Ça m'a soulagé et ça m'a aussi donné le goût de continuer, même si ce n'est pas facile !

En ce moment, j'aimerais te prendre dans mes bras et te serrer très fort pour te dire merci pour tout ce que tu nous as apporté. Tu es une femme avec un grand cœur et tu es remplie de belles qualités. Je le savais depuis longtemps, mais c'est seulement ici que je m'ouvre les yeux ! »

Votre ange aimerait vous dire :

« As-tu remarqué que lorsque tu donnes sans attentes, ton sentiment d'accomplissement est bien plus grand que lorsque tu donnes avec une attente ? Ce qui est important dans le geste de donner, c'est l'amour avec lequel on donne. Peu importe ce que l'on donne : un geste, du temps, un cadeau...

Plus on donne, plus on reçoit, tu n'as donc pas à t'inquiéter de ce que cela te coûte, de ce que cela te demande. Si tu as la foi, ton geste te reviendra décuplé. La peur du manque est souvent à l'origine de la réticence à donner. Et la peur est une ennemie, il faut la combattre. Je suis là pour t'aider à la combattre. L'amour est ton arme principale, plus tu l'utilises contre la peur, plus celle-ci ira se terrer au fin fond de ton cœur.

Et maintenant, inversons les rôles. Toi, es-tu capable de recevoir ? Donner peut devenir très facile, surtout quand tu t'exerces tous les jours, un peu partout. Cependant, apprendre à recevoir aussi est un exercice à maîtriser. Si tu passes ton temps à dire "non merci" aux autres, "non merci" à la vie, on cessera de vouloir te donner et un déséquilibre pourrait s'ensuivre.

Donc, aujourd'hui, pratique-toi à donner sans attente et dès que l'on veut t'offrir sincèrement quelque chose, réponds tout simplement : "Merci beaucoup !" »

Pas si tu n'y crois pas assez.

J'aimerais te dire :

« Bonjour, ma fille. Je suis tellement bien, ça s'explique pas. J'étais prêt à mourir, alors tout s'est fait très rapidement. Ne t'inquiète pas.

Vous êtes tranquille maintenant, je suis bien parti. Toutes ces longues heures pour vous. Je vous dis un grand merci.

C'est encore un peu pénible pour moi de me débarrasser de la pesanteur des dernières énergies terrestres. J'ai été heureux. Mais content de partir enfin.

Vous me manquez déjà. Avant de m'endormir pour toujours, j'ai pris le temps de revoir le visage de chacun d'entre vous dans ma mémoire et c'est pour ça que ça été long par moments (rires).

Je sens parfois encore votre présence autour de moi. Vous m'avez fait un beau cadeau. Merci à ceux qui ont été là. Les autres, je comprends.

Maintenant que je vous ai donné de mes nouvelles, envoyez-moi vos énergies pour que je puisse continuer d'avancer. J'ai hâte d'être rendu au bout du tunnel (rires) !

Ma fille, je t'embrasse tendrement et je te souhaite une belle vie. Je te souhaite de bien continuer. Transporte la bonne nouvelle aux autres dès que tu le peux, je t'en remercie ! »

Votre ange aimerait vous dire :

« En aucun moment, les regrets ne sont utiles. Ils créent des émotions, des sensations désagréables et inutiles. Pourquoi pleurer sur quelque chose qui n'est plus, sur le temps passé, sur une opportunité passée ? Concentre-toi plutôt sur ce qui t'a rendu heureux, sans plus ni moins, et apprécie-le.

Tu auras vécu quelque chose d'unique, de magique dans ta vie. Tu pourras dire que tu as eu la chance de toucher des émotions, d'avoir profité de la situation. Si cette situation a pris fin, il faut être heureux de l'avoir vécue et non pas regretter qu'elle ait pris fin.

Il y aura d'autres moments, différents ceux-là, mais qui sauront te rendre encore heureux. Il faut que tu te prépares, que tu fasses de la place à ces moments. Si cette place est occupée par les regrets, la vie ne peut la remplir à nouveau de belles choses. J'aimerais aussi que tu comprennes que si ce n'est plus dans ta vie, c'est que ce n'était plus pour toi. Ce que tu devais apprendre de cette situation, et tu l'as bien compris, c'est qu'il est temps de passer à autre chose.

On ne peut changer le passé et on ne peut façonner le futur. Il n'y a que le moment présent sur lequel tu as un contrôle. Choisis d'être heureux aujourd'hui pour ce que tu es, ce que tu as. Laisse tomber les regrets, oublie que cette émotion existe. Vis le moment présent ! »

Pourquoi pas ?

J'aimerais te dire:

« Mon amour, mon trésor ! Que c'est bon de pouvoir te parler !
J'étais curieux de voir ce que tu avais à me dire (rires).

Bien sûr que je t'entends ! Tu me parles si souvent ! Bien que je
ne comprenne pas tous tes mots, je t'entends avec mon cœur.

Ça n'a pas été facile de vous laisser. J'en ai braillé un coup !
Mais maintenant, je vais bien, je comprends. J'ai pas été punie,
j'avais juste terminé ma mission.

Ça été très agréable de vous côtoyer. Je garde de bons souvenirs, surtout ceux de ma fête. Vous m'avez tellement gâtée
(rires) !

J'ai revu ceux que j'aimais, ça aussi, ça m'a fait du bien, ça m'a
rassurée. Tu te demandes si je suis près de toi ? J'y suis. Mais je
continue aussi d'évoluer, alors des fois j'y suis pas, mais tu ne
t'en aperçois pas.

J'espère t'avoir laissé du bon de moi (rires), de belles qualités. Merci de m'avoir aimée. Moi aussi, je t'aime beaucoup.
Mon passage sur terre m'a appris beaucoup de choses et je suis
repartie avec un énorme bagage.

Toi aussi tu me manques, mais astheure, je sais que nous allons
nous revoir ! »

Votre ange aimerait vous dire :

« Savoir apprécier ce que l'on a et qui l'on est ne veut pas dire qu'on ne peut rêver, espérer, souhaiter. Cela veut dire qu'il te faut prendre quelques instants pour réfléchir sur toi-même, sur ce que tu as, sur ta vie ; qu'il faut savoir dire merci à la vie pour l'endroit où tu te trouves. Te dire merci à toi-même. Car c'est grâce à toi si tu es qui tu es.

As-tu remarqué comment les gens qui te donnent réagissent lorsque tu leur dis un merci sincère ? Ils sont heureux et ils veulent t'en donner plus, n'est-il pas vrai ? La vie aussi est comme ça ! Plus tu la remercies, plus elle a envie de t'en donner.

Ce n'est pas parce que tu sais apprécier ce que tu as, que la vie va cesser de t'envoyer des cadeaux ! Au contraire, elle est heureuse de voir que tu sais apprécier ce que tu as et elle redouble alors de volonté afin de te faire plaisir !

Regarde autour de toi, les gens heureux n'ont pas une vie parfaite, ils savent tout simplement apprécier ce qu'ils ont. Tu peux faire la même chose. Commence par regarder ce que tu possèdes en ce moment, non pas juste le matériel, mais l'ensemble. Ton travail, ta santé, ta famille, ton couple... Pour chacune des situations, dis-toi merci et dis merci à la vie.

Je crois que tu remarqueras des changements dans les prochains jours, sois à l'écoute ! »

Peut-être.

J'aimerais te dire :

« Tout d'abord, je suis content de te parler. De savoir que tu es là. Ça me réconforte. Tu t'es raccrochée à moi lors de mon départ, tu m'as réclamé souvent. Ça a été une période difficile. Mais maintenant, les choses rentrent dans l'ordre. Pour toi, la vie continue et pour moi, c'est mon évolution qui se poursuit.

Nous ne sommes pas toujours au courant de ce que font les êtres humains après notre départ. Il m'en a fallu du temps pour comprendre ce qu'il t'arrivait. Tout ce que je sais, c'est que tous ont le droit à leur libre arbitre et choisissent de faire à leur tête.

Moi, je suis bien content que tu te sois débrouillée, j'en suis même très fier. Tu ne pouvais pas faire mieux. Oui, si le contraire était arrivé, j'aurais pris mes responsabilités. Mais il ne faut pas en vouloir aux autres, ni se mettre à leur place, car nous ne savons pas ce qui se passe à l'intérieur d'eux. Je te dis juste qu'un jour, tu vas savoir, tu vas comprendre.

Continue de marcher en regardant vers l'avant. Souris à la vie, car je suis certain qu'elle a encore plein de belles choses à t'offrir. Je veille sur toi et sur la famille. Je retourne vous voir pendant votre sommeil et je continue de vous aimer de là où je suis ! »

Votre ange aimerait vous dire :

« Les yeux sont le miroir de l'âme. C'est grâce à eux que tu peux voir, apprécier la nature, la beauté des autres. Ton regard est important. Car c'est par lui que tu peux te faire comprendre. Sois plus conscient de ton regard. Tu te dévoiles par celui-ci. En fait, c'est ton âme qui se dévoile.

Apprends à lire dans le regard des autres. Ne le fuis pas, par gêne ou par malaise. En regardant les gens, tu comprendras mieux leurs intentions, tu sauras mieux quelle genre de relation tu peux entretenir avec eux. Tu percevras même des choses que ton esprit ne peut comprendre.

Parfois, même un regard suffit pour aider une personne. Regard de compassion, d'encouragement, de solidarité… Lève la tête et apprends à regarder les gens dans les yeux. La vérité s'y trouve, la sincérité aussi. De plus, la personne face à toi saura qui tu es et connaîtra aussi tes intentions. Ton regard est un outil précieux avec lequel tu peux évoluer.

Et si jamais quelqu'un te dit : « As-tu vu la face que tu fais ? » Eh bien, sache que cela veut dire que tu n'es pas conscient des émotions que tu vis en ce moment ! »

Exercice : Place-toi devant une glace et observe ton regard. Pratique un regard de compassion, de plaisir, de convoitise… Autre exercice : observe tes photos, le regard que tu as sur certaines, le regard des autres… Cela t'en dira long !

De toute façon, tu n'en a pas besoin.

J'aimerais te dire :

« Je vais faire de mon mieux pour te répondre ! Même si j'ai de la misère à croire à ces affaires-là (rires) ! On verra ce que ça va donner.

Pour commencer, merci ! Merci à toi d'avoir été là. J'te l'ai pas toujours dit. En tout cas, pas autant que j'aurais dû.

Parfois, j'ai l'impression que je suis pas parti. On dirait que je flotte dans la maison. Il peut se passer un certain temps avant que je comprenne que j'ai pas d'affaire là. C'est grand-maman qui vient me chercher et qui me ramène là où je peux comprendre.

C'est pas toujours facile de savoir que je suis séparé de vous autres et que je peux pus vous voir comme avant. Il me semble que j'ai manqué de temps. Que j'ai pas fait tout ce que j'avais à faire.

Quand j'ai besoin d'énergie, je me rapproche de toi. J'essaie de faire des choses drôles pour te faire rire, mais tu ne comprends pas toujours. J'ai besoin de cette énergie-là pour avancer, cheminer dans ce nouveau monde que je comprends pas toujours (rires) !

En tout cas, merci, ma belle fille, pour tes pensées, continue à y croire, ça me fait du bien. Je sais pas encore comment tout ça est possible, mais merci ! »

Votre ange aimerait vous dire :

« Pour gagner, il faut croire en soi-même ! Et ce, même si personne d'autre ne le fait. La victoire appartient à celui qui se fait confiance, qui a confiance en ses rêves. Ne laisse pas les autres détruire ce à quoi tu aspires. C'est avec des rêves que tu construis ta vie. Un jour, tu as rêvé d'être grand, tu as rêvé de travailler, d'avoir de l'argent... et cela s'est réalisé.

Maintenant que tu es grand, il faut continuer de rêver. Et la grandeur de tes rêves n'a d'égal que ce que tu es prêt à faire pour y arriver. Il n'y a pas de petit rêve. Te voilà rempli d'ambitions ? Passe maintenant à l'action ! Et encore une fois, il n'y pas de petites actions, une action est une action.

Que fais-tu aujourd'hui pour t'approcher de ce rêve que tu convoites tant ? En cours de route, ton rêve peut se modifier, tu peux l'actualiser. Il y a des rêves qui te demanderont plus de temps, plus de travail. Soit ! Tu en es capable !

Regarde autour de toi, choisis quelqu'un qui a réalisé un de ses rêves, cela peut être un athlète, une star de cinéma, un président de compagnie... peu importe. Maintenant mets-toi à sa place et demande-toi ce que cette personne a dû accomplir pour arriver à réaliser son rêve. La vie ne lui a pas fait un cadeau gratuit, non, elle l'a accompagnée dans la réalisation de chacune des étapes de son rêve.

Alors est-ce qu'on réalise un de tes rêves ? Je suis prêt ! Et toi ? »

Seulement si tu es sérieux.

J'aimerais te dire :

« Quel bonheur de pouvoir te parler (rires) ! Je voudrais commencer par t'inonder de belles énergies et bénir ce message !

Depuis mon arrivée au paradis, il s'en est passé des affaires ! Je veille sur vous et je prie pour vous. Dès que je peux, je vous rejoins dans votre quotidien afin de vous aider à traverser une épreuve ou bien à partager une joie ! Ce que j'adore le plus, les nouvelles naissances. Ces belles petites âmes qui choisissent notre famille !

Oui, oui, j'ai bien retrouvé ton père et ta sœur. Ils vont bien et te saluent. Nous n'évoluons pas ensemble, car chacun a des choses différentes à faire et à comprendre, ta sœur est avec sa famille.

Quand j'en ai la possibilité, j'enseigne aux âmes qui se préparent à venir sur la terre. Vous ne pouvez pas tout comprendre et vous ne vous souvenez pas de ces enseignements. Mais ils sont importants et je prends ça à cœur (rires) !

Peu importe les circonstances, tu peux faire appel à moi pour te réconforter et t'encourager. Je trouve ça beau, les gens qui veulent s'améliorer en tant que personne. Je vous serre tous très fort sur mon cœur.

Prends soin de toi, je t'embrasse ! »

Votre ange aimerait vous dire :

« Si tu partais maintenant, de quoi serais-tu le plus fier, fier d'avoir accompli ? Moi, je te dirais que c'est d'avoir réussi à vivre ta vie jusqu'au bout. Mais toi ? Il y a sûrement quelque chose dont tu es le plus fier ? Il peut même y en avoir quelques-unes.

Il faut savoir s'arrêter pour penser à ces choses-là et non pas attendre d'être à la toute fin de sa vie. Pourquoi ? Parce que cela te donne de la motivation, de la reconnaissance pour t'aider à poursuivre ton chemin. Sans cela, tu te demandes constamment à quoi cela t'a servi de vivre sur terre. Tu peux même éprouver un sentiment d'échec...

Il arrive que parfois, dans une vie, les autres s'arrêtent pour souligner tes bons coups, lors d'une fête, d'un départ à la retraite... ou une fois que tu es mort ! Pourquoi attendre que cela vienne des autres ? Tu es capable toi aussi de reconnaître tes bons coups !

Si tu veux, je peux t'aider, moi, à te rappeler tes bonnes actions, tes réussites, il te suffit de me le demander. Vois en toi-même ce que les autres voient mieux que toi ! »

Exercice: Prends une feuille de papier blanc et inscris toutes les belles choses que tu as accomplies, que tu as réussies, dont tu es le plus fier. Écris-les toutes. Ensuite, place cette feuille dans une enveloppe sur laquelle tu écriras: À ouvrir les jours où je me sens perdu, que je sens que la vie ne mène à rien ! Au fur et à mesure que ta vie évoluera, continue d'y inscrire tes accomplissements et garde toujours cette enveloppe avec toi.

Entreprends une démarche.

J'aimerais te dire :

«Bonjour, c'est toi? Oui, je suis heureux de te parler. Et je veux que tu saches qu'à chaque fois ça va être pareil! Je ne suis jamais trop loin ou trop occupé.

Je suis en pleine évolution, à chercher encore à comprendre certaines affaires. Mais je vais bien. Il y a des fois où je crois que je suis parti trop vite et que je n'ai pas fini mes affaires.

Tu me ressembles tellement! Tu réponds comme moi, tu vibres comme moi! Je suis fier d'être ton père. Non, tu en fais jamais trop, c'est correct, on est comme ça nous autres (rires)! Ne te remets pas toujours en question si ça ne vaut pas la peine.

Maintenant, chacun est libre de faire ce qu'il lui plaît. Sache qu'on ne peut pas intervenir. Même si, des fois, on aimerait bien ça. Il y a des fois où on s'interroge sur vos choix, sur vos manières de faire ou de penser, mais on n'y peut rien. C'est votre ange gardien qui est le mieux placé pour vous aider dans votre vie. Nous, nous ne faisons que vous accompagner avec notre amour.

J'accompagne ta mère du mieux que je peux, je lui offre mon soutien, c'est le plus que je peux faire. Et je serai toujours là pour toi aussi! »

Votre ange aimerait vous dire :

«*La richesse de cette vie, ce sont nos enfants! Qu'ils soient de notre sang ou non. Ceux que nous élevons ou ceux qui nous entourent. Ils sont l'innocence même! Ils sont purs. Profitons de leur venue sur terre pour nous rebrancher à l'enfant que nous avons déjà été.*

Prends réellement la main d'un enfant et ferme les yeux. Demande-lui de t'emmener quelque part, de faire quelque chose avec toi. Et laisse-toi aller, reprends contact avec ton enfant intérieur.

Tes enfants sont devenus grands? Demande-leur de redevenir des enfants quand ils sont avec toi, l'espace d'un instant. S'il le faut, prends cet enfant sur tes genoux pour le bercer, pour lui redonner l'affection, la sécurité dont il a besoin. Tu feras d'une pierre deux coups, car tu ressentiras tout l'amour que tu as donné au petit enfant sans défense qu'il était.

Prends conscience de ce que tu as semé avec tes enfants, sans voir les défauts ou les failles, mais bien les réussites, les rires, les joies, le plaisir. Chacun apprend à aimer à sa manière et il n'y a pas de mauvaises manières d'aimer, il n'existe que de la pratique.

Ce message vient de ton enfant intérieur, moi, ton ange, j'ai seulement voulu te le faire entendre.»

Exercice : Dans un endroit calme, ferme les yeux et imagine-toi sur les genoux de ta maman ou de ton papa. Visualise-toi en train d'être bercé dans leurs bras alors qu'ils te chantent une belle chanson. Balance-toi d'avant en arrière lors de l'exercice; ton subconscient reproduira ce que tu ressentais lorsque tu étais dans le ventre de ta mère.

Ce sera réussi.

J'aimerais te dire :

« Je m'excuse si je ne suis pas toujours là pour toi. De mon vivant, je n'ai jamais su être vraiment là, même lorsque j'y étais.

Là où je suis maintenant, je suis tranquille. J'essaie de faire la paix avec moi-même, de comprendre. Je n'ai pas fait tout ce que je devais faire dans ma vie. Il va en manquer des bouts que je vais devoir refaire. C'est ça, la vie. Chacun a son fardeau, a ses choses à comprendre.

Ne te méprends pas sur nos pouvoirs. Nous ne pouvons faire de miracles, nous nous contentons de vous voir évoluer à travers vos peines et vos joies. Je sympathise avec toi de tout mon cœur. Je garde des liens avec toi parce que nous nous sommes choisis pour évoluer sur la terre, je ne t'abandonne pas, au contraire, mais il est vrai que je te laisse évoluer tranquillement à ton rythme.

Je pense du bien de toi, et ce, peu importe nos vies. Je ne suis pas parfait, loin de là, et si je t'ai blessée, je m'en excuse. Je sais que tu fais de ton mieux et je voudrais t'encourager à continuer.

C'est à vous maintenant de faire votre chemin, comme j'ai fait le mien. Je prie pour toi et je souhaite de tout mon cœur que tu sois heureuse. »

Votre ange aimerait vous dire :

« Ce que tu désires en ce moment, est-ce bien ce que tu veux ? Ce dont tu as besoin ? Que cache ce désir ? Comble-t-il un vide, un manque ? Te fera-t-il avancer, évoluer ?

Si tu te réveilles avec le même désir depuis quelques jours, quelques semaines, que tu ressens celui-ci fortement, cela veut dire qu'il mérite que tu le réalises. Ce n'est pas seulement un désir passager, pour combler un vide immédiat. Cela veut aussi dire que ton âme est prête à franchir une autre étape.

Prépare-toi au changement. Moi, je n'attends qu'un signe de ta part. Une demande claire et précise. Ce n'est pas à moi d'initier ce changement sans consentement ou action de ta part.

Par contre, quand tu seras prêt et que tu me communiqueras clairement le résultat auquel tu aspires, je me mettrai au travail. Et ce ne sera pas à toi de me dire comment je dois le faire. Contente-toi de recevoir ce que tu as demandé, mais assure-toi de le demander comme il faut ! Et observe bien autour de toi, vois la magie opérer pour ta demande. Pour t'aider, tu pourrais écrire sur une feuille ce que tu voudrais accomplir ou ce que tu voudrais recevoir.

En dernier lieu, sache que ta demande doit être en accord avec ton plan de vie, ton plan /ivin. Je ne peux te donner ce qui bousillerait celui-ci ou t'en détournerait complètement. »

Pose une action et attends le résultat.

J'aimerais te dire :

« Tu veux savoir si je suis près de toi (rires) ? Voyons ! C'est certain (rires) ! Même que des fois, je voudrais l'être plus souvent. Mais j'ai du travail où je suis, ce qui m'empêche de le faire.

C'est vraiment beau où je suis, où j'évolue. Je veux surtout que tu saches que je suis fier de toi. Peu importe tes décisions, je vais continuer de venir te voir. J'aimerais que tout se passe bien pour toi.

J'aimerais être encore là, dans les grandes étapes de ta vie. J'y suis en pensée, mais ça ne sera jamais pareil. Je veux que tu continues à être courageux, à devenir un bel homme, autant à l'intérieur qu'à l'extérieur (rires) ! Ne cache pas tes émotions autant que possible, c'est ça qui nous empoisonne la vie !

Merci pour ce que tu fais à ma place des fois. C'est pas toujours nécessaire, mais je l'apprécie. J'aimerais être capable de mieux te guider des fois, mais je ne peux pas, mon grand, car je ne sais pas ce qui t'attend. Alors, je suis avec toi et je découvre ta vie en même temps que toi.

N'abandonne pas, ne baisse pas les bras. La vie vaut la peine d'être vécue ! N'aie pas de regrets, prends soin de toi ! »

Votre ange aimerait vous dire :

« J'aimerais bien, l'espace d'un instant, te faire vivre la vie de celui que tu envies. Juste pour que tu puisses te rendre compte que ça ne correspond peut-être pas à ta vision de la réussite. Seulement un court moment. Pour te faire voir que tu es plus puissant que ça. Te faire voir aussi que finalement, ta vie, la tienne, celle que tu t'es créée, est beaucoup plus agréable.

Tu as sûrement déjà vu un de ces films où deux hommes font le souhait de s'échanger leurs vies, croyant que la vie de l'autre devait être plus heureuse que la leur. Tout au long du film, chacun d'eux espère revenir dans sa propre vie, n'estimant plus si excitant de vivre la vie de l'autre.

Oui, tu peux t'inspirer du courage, de la ténacité et de la persévérance d'un autre pour parvenir à réaliser tes buts, tes objectifs. Vous êtes tous des professeurs, vos expériences sont là pour démontrer aux autres qu'ils peuvent aussi réussir. Vous donnez l'exemple vous aussi. Il peut y avoir, quelque part, quelqu'un qui souhaiterait être toi. Tu y as déjà pensé ? Eh oui, autour de toi en ce moment, quelqu'un sans doute t'admire et voudrait être à ta place.

Tu sais quoi ? Eh bien, tu es chanceux, car c'est toi qui es à cette place ! Que tu fasses le souhait d'améliorer ta vie, de t'améliorer toi-même, c'est très bien, mais ne souhaite pas être une autre personne, ne souhaite pas être à la place d'un autre sans connaître tout de sa vie. »

Ne t'accroche pas à quelque chose de futile.

J'aimerais te dire :

« Ouf ! C'est mes émotions qui m'empêchent de te parler, ma chérie ! J'ai encore de la peine. Mais rassure-toi, je vais bien. Je vais de mieux en mieux. Grâce à vos prières, j'ai compris.

Compris que je n'étais plus sur la terre et que je pouvais enfin être heureuse. Merci. Si tu savais comme ça me fait du bien ! Je suis encore fragile, c'est pour cela que tu ne me vois pas, tu ne me ressens pas. Les anges nous disent qu'entre-temps, ils s'occupent de vous et de nous transmettre vos messages.

Je prie pour toi moi aussi. Pour ta belle petite famille. Je comprends qu'ils grandissent. Je suis contente que tu les aies avec toi. Tu le mérite tellement. Tu as tant d'amour à leur donner. Je comprends pourquoi ils t'ont choisie (rires) !

Ici, on s'occupe de moi. Je ne suis pas seule. On est plusieurs à avoir besoin d'énergie pour nous guérir de nos émotions. Chacun va à son rythme, on s'entraide, on ne s'ennuie pas. J'apprends plein de choses !

Quand je vais aller mieux, c'est promis, je vais aller te voir dans tes rêves pour te le dire. En attendant, continue de me parler, j'en ai besoin ! Je te donne de gros becs et aux enfants aussi ! »

Votre ange aimerait vous dire :

« Ne t'arrête pas aux apparences. Ne juge pas la personne qui est en face de toi. Ne dénigre pas ses croyances. C'est une âme qui se cache sous ce corps humain, une âme qui, tout comme toi, est en pleine évolution.

Au contraire, cherche à l'aider, donne-lui de l'amour, sous quelque forme que ce soit. Derrière vos corps physiques, ce sont deux âmes qui s'accompagnent, qui se donnent un petit coup de pouce pour avancer. Nous ne sommes jamais supérieurs à une autre personne, nous sommes différents.

Je place sur ton chemin différentes expériences de vie afin de te faire évoluer. Parfois, j'utilise l'intermédiaire d'un autre humain pour valider ce que tu as appris au cours de tes lectures ou en écoutant un grand conférencier, un professeur, en apprenant un nouveau métier. Je dois te faire pratiquer ce que tu veux apprendre.

Tu n'es pas toujours heureux de ce que je place sur ta route. C'est bien après que tu réalises que finalement, cela t'aura été bénéfique de rencontrer telle ou telle personne, même si tu crois avoir perdu par le fait même des choses, du temps, de l'argent, des opportunités. Ces personnes t'ont amené à être qui tu es aujourd'hui et à avoir ce que tu as. Fais un retour sur le passé, vois ceux que tu considères responsables d'un échec, maintenant vois où tu en es aujourd'hui grâce à cette même personne et remercie-la. »

Si tu te fais assez confiance.

141

J'aimerais te dire :

« Ça me touche, ce que tu dis-là ! Parce que moi aussi, tu me manques beaucoup. On s'est pas tout dit, j'ai pas eu le temps.

J'ai encore un peu de colère au fond de moi. C'est pesant, c'est lourd à traîner, mais j'essaie d'apprendre à m'en débarrasser. Je suis en train de faire du ménage, de comprendre le sens de ma vie, de ma famille.

J'ai des regrets, entre autres, de ne pas avoir pris assez de temps avec toi. C'est ça qui arrive quand tu penses que tu as toute la vie ou que tu penses que tu vas t'en sortir.

J'ai été heureux, content de ma vie. Oui, y a des choses que je referais différemment et d'autres que je changerais pas.

Parmi les choses que j'ai apprises, il y en a qui ont été plus difficiles que d'autres. Me détacher du matériel a été plus difficile que je pensais (rires). Y a encore des choses qui me manquent et d'autres dont je suis ben content d'être débarrassé (rires) !

Je suis bien fier de toi. Continue de me faire tes belles prières. Un jour, on pourra se retrouver et j'aurai grandi. »

Votre ange aimerait vous dire :

« Je sais qu'au fond de toi, tu crois en moi. Et moi, je crois en toi. Et figure-toi qu'on croit toujours en ceux qui croient en eux-mêmes. Apprendre à se faire confiance n'est pas toujours facile. Les autres sont là pour nous le rappeler continuellement.

On peut croire en quelque chose que nous ne voyons pas. Croire aux anges que nous ne voyons pas, croire en l'amour que nous ne voyons pas. Mais nous pouvons voir l'action d'un ange et y croire. Nous pouvons voir l'action de l'amour et y croire.

Si tu veux que l'on croie en toi, il faut croire en toi. Il faut que tu croies en tes forces, en tes qualités, en ce que tu es. Crois en toi et le tour est joué ! Les autres te suivront, t'écouteront, te porteront attention. Pourquoi ? Parce que tu dégageras ce en quoi tu crois.

Tu connais l'expression : Vendre un frigidaire à un esquimau ? Cela veut dire que tu crois assez en toi-même et en ton produit ou service pour qu'on achète ta croyance. Cela ne vaut pas seulement pour ta vie professionnelle, mais aussi pour ta vie personnelle, pour tes relations avec les autres. Si tu dis à ton enfant ou à ton(ta) conjoint(e) que tu es capable de faire telle ou telle chose, ils te croiront. Pourquoi ? Parce que tu crois en toi, tu crois que tu es capable de le faire, tu en es certain.

Donne aussi confiance aux gens. Lorsque certains te diront : "Je suis capable de faire ceci (ou cela)", réponds-leur : "Je n'en doute pas une seconde ! " Et ce, en les regardant droit dans les yeux ! »

Une fois n'est pas coutume.

J'aimerais te dire :

« Combien de douleurs et de souffrances j'ai dû vivre sur terre. Me voilà enfin heureuse ! Tu me demandes quand je reviendrai sur terre ? Vraiment pas tout de suite ! Laissez-moi profiter du bon temps que me procure l'endroit où je suis.

J'estime en avoir assez fait de mon vivant pour avoir le droit de me reposer maintenant. Je demande pardon à tous ceux que j'ai offensés, à ceux à qui j'ai fait de la peine. Mille pardons ! J'ai toujours essayé de faire attention à mon prochain et je suis fière d'avoir été qui j'ai été.

Je vous ai souvent donné le meilleur de moi-même. Ma fille, tu as été merveilleuse pour moi. Je ne trouve pas de mots assez forts pour t'exprimer ma gratitude. Nos rencontres ont toujours été importantes pour moi. Elles ont toujours signifié quelque chose.

J'ai fait partie de cette génération où on ne parlait pas, mais je crois que je me suis assez bien débrouillée.

Ma plus grande joie en arrivant ici a été de retrouver toute ma lucidité et mes capacités. J'avais tellement peur sur la terre de devenir impotente et d'être un fardeau. Si j'avais pu, je te l'aurais écrit moi-même, cette lettre !

Bon courage à toi pour finir ce que tu es venue accomplir sur cette terre, on se retrouvera de l'autre côté ! »

Votre ange aimerait vous dire :

« Lorsque tu as choisi de venir au monde sur la terre, tu as choisi une mission. Et je t'ai aidé à poser les gestes nécessaires pour te permettre de devenir et de faire ce que tu souhaitais. Nous avons dessiné ensemble ta route, ton destin, du moins ses grandes lignes.

Aujourd'hui, j'aimerais que tu comprennes que les humains ont tous un libre arbitre que leur dicte leur mental. Ce que tu avais convenu au départ peut être modifié par moments. C'est pourquoi il faut parfois que tu t'éloignes de ta route pour prendre un petit sentier, pour faire un détour.

Cela nous permet, à nous les anges, de retravailler la grande route et de t'y ramener par la suite. N'as-tu jamais senti que tu t'étais égaré pendant quelque temps ? C'est quelquefois bénéfique. Et tu en apprends un peu plus que ce que tu avais prévu au départ, n'est-ce pas merveilleux ?

J'aimerais que lors d'un prochain déplacement physique, tu prévoies un peu plus de temps pour passer par un autre chemin que l'autoroute. Pour que tu puisses voir les opportunités, les nouvelles choses qui peuvent surgir sur ce petit chemin, ce détour.

Et si, par mégarde, tu empruntais une route sur laquelle il était écrit sur un gros panneau orange : DÉTOUR, sache que c'est un peu moi qui te force à aller ailleurs ! Ouvre les yeux et vois ce qui en résulte. Au lieu de maugréer contre ce détour, observe ce qui se passe en toi. Cela fait travailler ta patience, ton instinct, ton sens logique, ta débrouillardise... »

Quand une porte se ferme, une fenêtre s'ouvre.

J'aimerais te dire :

« Je sais que tu fais de ton mieux pour me faire plaisir ! Que tu penses à moi souvent. Si tu savais combien j'aimerais encore être là avec tout vous autres ! Vous êtes chanceux !

Oui, tu me permets à travers toi d'être encore avec ma famille. Elle me manque tellement ! Ça me fait du bien de t'entendre rire, de te savoir heureuse.

Il faut y aller tranquillement, ce n'est pas facile pour moi. Moi aussi, j'essaie d'entrer en contact avec toi. Des fois, j'essaie d'entrer dans tes rêves et d'autres fois, de te parler tout simplement, en espérant que tu comprennes.

Tu étais une alliée pour moi sur la terre. En tous les cas, moi, je trouve qu'on se complétait bien (rires) ! J'oublierai jamais tout ce que tu as fait pour moi et pour ma famille.

Tu vois, j'essaie d'être à ton écoute en ce moment. Je t'entends avec les mots du cœur. J'aimerais que disparaisse ce petit pincement de culpabilité que tu ressens quand tu penses à ma mort.

On ne peut changer les choses. J'en ai encore beaucoup à comprendre et une chance qu'à ta manière, tu peux m'aider. Je serai là pour chaque membre de la famille qui va monter, je vais les accompagner à mon tour ! Embrasse mes filles ! »

Votre ange aimerait vous dire :

« Tu es le créateur de ta propre vie ! Tu en es le metteur en scène, c'est toi qui écris le scénario. Tu es le personnage principal, celui qui est le plus important. Alors, qu'attends-tu pour écrire un film, une pièce à succès, pour faire vivre à ton personnage un million de choses merveilleuses ?

Laisse libre cours à ton imagination. Que devrait faire ton personnage en ce moment précis ? Faire un appel ? Démissionner ? Partir en voyage ? Tu es si près de la vérité, de la réponse à ce que tu cherches en ce moment même, mais tu as peur. Peur de jouer, peur de te tromper.

Se tromper ? Ça n'existe pas ! C'est une illusion que vous, les humains, avez inventée. Car une erreur est souvent l'accomplissement de ce que vous voulez ou croyez inconsciemment. Ça vous amène là où vous désirez ou croyez devoir être. Oui, tu as bien lu, ce que tu veux ou ce que tu crois inconsciemment, soit de vivre un échec et d'inspirer la pitié pour ainsi attirer l'attention. Car ce que tu veux, c'est recevoir de l'amour, et la seule façon dont tu as réussi les dernières fois, enfin, c'est ce que tu crois, c'est en vivant un mauvais moment.

Change ta croyance ! Tu peux recevoir de l'attention et de l'amour si ton personnage est drôle, persévérant, courageux, humble, honnête et qu'il se sert des difficultés de sa vie pour devenir quelqu'un de merveilleux ! Allez, je suis derrière toi ! Action ! »

La colère n'est pas bonne conseillère.

J'aimerais te dire :

« Maman, si tu savais ! Mais oui, je suis là, n'en doute même pas. Je t'aime tellement. Tu as été tellement bonne pour moi et courageuse aussi !

Ne t'en fais pas, maman, là où je suis je vais bien. J'apprends toutes sortes de choses nouvelles. Je me débrouille bien. Eh oui, c'était moi l'autre fois dans ton rêve. J'essayais de te dire que j'allais bien, que tout était correct.

J'ai pas été avec toi tellement longtemps, juste assez pour savoir que j'ai eu une bonne mère. Le lien est assez fort pour que je puisse continuer de t'entendre et de savoir que tu penses à moi.

Toutes les choses que vous m'avez données, que vous m'avez enseignées. J'ai eu des personnes formidables dans ma vie et je suis content de les avoir eues, de les avoir rencontrées. Elles me manquent.

Je suis très occupé où je suis. En plus d'apprendre, j'aide aussi. Quand les anges ont besoin d'accueillir d'autres âmes, ils nous le demandent. Ça, ça me rend heureux, ça me fait plaisir.

Maman, j'ai aimé ce que tu as fait avec mes affaires, tu as bien fait. Merci aussi pour la lumière et l'énergie que tu m'envoies. On va se retrouver un jour quand tu seras vieille (rires) et que ta mission va vraiment être terminée ! »

Votre ange aimerait vous dire :

« Sois ouvert. Ouvre ton esprit aux nouvelles choses qui viennent vers toi, aux nouvelles croyances, aux nouvelles vérités. Ouvre-toi à de nouvelles expériences qui vont te faire évoluer, avancer.

Plus tu es libre dans ta tête, dans ton cœur, plus ce que tu perçois en dehors de toi va te sembler libre. Libre d'y aller, libre d'accepter, libre de refuser, libre de retourner... La liberté est ce que tu as de plus précieux. Personne ne peut t'en priver, sauf si tu as fait des bêtises.

Ce qui se passe à l'intérieur de toi, tes rêves, tes sentiments, tes connaissances, personne ne peut te l'enlever. Même si tu perdais tout, même si tu devais partir très, très loin, tu ne perdrais pas ce que tu as d'acquis en toi.

Vivre quelque chose de nouveau ne va pas te faire perdre ce que tu as déjà, car justement tu l'as déjà. Mais cela va te faire acquérir quelque chose de différent et tu vas continuer de devenir une bonne personne. Parfois, ce sont les gens autour de toi qui changent et, par le fait même, cela te pousse à faire des changements dans ta vie. Vois cela comme une opportunité de te dépasser, car toi seul peut décider de l'attitude à adopter.

À partir d'aujourd'hui, toi et moi, on change l'expression "Il n'y a que les fous qui ne changent pas d'idée" par "Ce serait fou de ne pas changer d'idée !"»

Si tu n'es pas certain, recommence.

149

J'aimerais te dire:

« Il me fait plaisir de venir vous parler. Il y a tant de temps terrestre qui s'est écoulé depuis ma venue, que je me demande ce que j'aurais à vous dire.

Soyez heureux d'être de passage sur terre. D'avoir une vie à vivre qui n'est certes pas toujours remplie de joie et d'allégresse, mais qui vous fera évoluer humainement.

Le plaisir vous attendra dans cette autre dimension, les retrouvailles aussi avec ceux que vous aimez. Vos prières trouvent un écho chez les âmes qui en ont besoin et auprès de vos anges et de vos guides.

Même si mon passage sur terre fut bref et il y a de cela longtemps, j'en garde de bons souvenirs: les choses que j'ai pu accomplir, les gens que j'ai pu aider.

Bien qu'il y en ait beaucoup qui sont venus me rejoindre, il en reste sur terre qui sont encore importants pour moi. Le plan sur lequel je suis ne me permet pas de juger, il me permet de comprendre l'être humain et son libre arbitre.

À ton arrivée, si tu veux bien, je prendrai soin de toi, comme je l'ai fait pour les autres. »

Votre ange aimerait vous dire :

«Cesse d'attendre que les autres soient fiers de toi, qu'ils te félicitent. Ne m'entends-tu pas le faire plusieurs fois par jour ? Ce n'est pas moins important. Tout comme cela n'est pas moins important si TOI, tu te félicites, si TOI, tu es fier de toi.

Je sais, cela fait toujours du bien d'entendre les compliments venir des autres, de voir leurs regards admiratifs. Mais cela fait surtout plaisir à ton EGO. Et c'est bien souvent éphémère. Tu vois la vedette sur la scène recevoir l'adulation de son public ? Quand elle se retrouve seule dans sa loge ou quelques jours plus tard quand personne ne lui dit qu'elle est belle, qu'elle est bonne, elle a beaucoup de difficulté. C'est la fin du monde ! Si personne ne lui confirme son succès, elle n'y croit pas. Pis encore, lorsqu'elle se trouve dans l'ombre depuis un certain temps.

Ne deviens pas cette STAR ! Si des gens te font des compliments, tant mieux, accumule-les comme de petits cadeaux, des souvenirs que tu reprendras quand tu te sentiras moins bien. Mais là, maintenant, sois fier de toi, félicite-toi chaque fois que tu crois avoir fait quelque chose de bien, même plusieurs fois par jour, comme je le fais avec toi depuis que tu es né !

Et apprends à savourer ces petits succès ! Ne pense pas au suivant où à ce qui s'en vient. Reste là à savourer ce plaisir, cette euphorie. Tout ton corps s'imprègne de ces vibrations et cela t'est bénéfique. »

Sois patient, nous y travaillons.

J'aimerais te dire :

« Je suis tellement contente de pouvoir parler ! Enfin ! Je sais très bien que vous ne pouvez pas tous entendre ! Mais ça fait tellement de bien quand ça arrive.

Tout a été tellement vite ! J'ai encore de la misère à y croire ! Pour commencer, je veux vous dire que je vous entends, que je suis là, que je veille sur vous. Je continue d'être votre maman, même si je suis sur un autre plan que le vôtre.

Tous les changements que tu apportes dans ta vie te seront bénéfiques à long terme. Continue d'écouter ton cœur, ton intuition saura te guider vers les bons choix. C'est toi qui tiens les rênes de ta vie, personne d'autres.

Je suis fière de toi, car je te trouve vraie. Tu n'essaies pas d'être une autre, même quand ça ne plaît pas aux autres. Tu sais, on fait souvent de la peine aux gens sans s'en rendre compte, on est juste humain (rires).

Je voudrais être là avec vous pour vous voir grandir et voir grandir mes petits-enfants. Je les aime, je vous aime (rires).

Merci, merci d'avoir fait partie de ma vie. Tellement ! Vous m'avez rendue heureuse chacun à votre façon ! Je vous porte dans mon cœur ! »

Votre ange aimerait vous dire:

«Sois en action, fais quelques chose! Si le résultat ne donne pas ce que tu espérais, alors recommence. N'abandonne jamais! Et même quand tu as réussi, après avoir savouré ton résultat, ton moment, remets-toi en action!

C'est dans l'action que tu te réalises, que tu avances, que les opportunités se présentent à toi, que la vie tourne. Qui admires-tu en ce moment? Une personne dont on n'entend plus parler? Une personne assise derrière son bureau qui tourne en rond sur elle-même? Celle que tu vois répéter la même chose jour après jour? Non. Tu admires la personne qui est en pleine... ACTION! Qui est en train de faire quelque chose.

Alors, la vie n'attend que toi, elle attend que tu poses une action. Il y a longtemps que tu veux une promotion, une augmentation? Et tu sais quoi? La pire chose qui puisse se produire est que tu reçoives une réponse négative. Pas un congédiement, pas un coup de poing, un simple non. Pas parce que tu ne le mérites pas, que tu ne le vaux pas, tout simplement parce que la personne qui t'engage ne peux le faire pour l'instant ou ne s'y attendait pas. Donne-lui le temps de réfléchir ou encore prends une autre direction si c'est absolument nécessaire pour toi.

Quand quelque chose te chagrine, te bouleverse, te rend malheureux, la seule façon de changer les choses est de poser un geste, peu importe lequel, mais de bouger. Ne reste pas là à ne rien faire, à subir la vie. Tu vaux beaucoup plus que ça à mes yeux!»

L'eau est une source Divine, utilise-la.

J'aimerais te dire :

« Nous nous sommes retrouvées, grand-maman et moi. Nous voulons te dire que nous sommes avec toi, présentes dans ton cœur.

Tu as eu tellement de chagrin. Je vais bien, je continue de faire mon évolution spirituelle sur ces autres plans. Il y a des moments où je viens te voir pour te donner de l'énergie, pour t'aider à poursuivre ta route sur terre.

Ma mission, là où je suis, ressemble au travail que je faisais sur terre. Mais ici, c'est plus facile d'aider les gens à comprendre et à avancer.

N'aie pas de regret, tu m'as apporté tout ce dont j'ai eu besoin, je n'ai aucun reproche à te faire, au contraire, je suis contente que tu aies été là, surtout quand j'en avais besoin.

Quand tu es triste ou que tu te sens seule, mets de la musique ! C'est magique, nous, on aime ça ! Car on peut aussi te parler grâce aux mots de la chanson.

Reste à l'écoute de nos messages, de notre présence. On ne t'abandonne pas, on est fières de toi et on pense à toi. On t'envoie plein de rayons de soleil, plein de prières et aussi plein d'énergie.

Merci pour le voyage que tu as fait, cela m'a fait énormément plaisir et cela m'a libérée d'un grand poids ! »

Votre ange aimerait vous dire :

« *Nourris aussi bien ton corps que ton esprit. La terre regorge de bonnes choses. De beaux fruits et légumes naturels pour ton corps physique. Il y a aussi de belles nourritures pour ton esprit dans ces millions de livres qui sont publiés chaque année, dans ce que véhiculent les conférenciers, les professeurs, les auteurs.*

Quand tu choisis ton assiette, tu veux des choses fraîches et appétissantes, eh bien, dis-toi que ton âme aussi veut cela dans son assiette du savoir. Suis ta petite voix intérieure lorsqu'il s'agit de suivre un cours, de lire un livre. Fais confiance à ton âme, elle sait ce qu'elle a besoin de vivre en ce moment.

Laisse faire ce que pensent les autres, ce que veulent les autres pour toi. Que savent-ils de tes besoins ? De ce dont ton âme a besoin. Si on te propose quelque chose, écoute à l'intérieur de toi. Si cela résonne, c'est que tu en a besoin, prends-le. Et si tu ne lis pas un livre jusqu'au bout, ce n'est pas grave. Tu auras pris ce dont tu avais besoin. Le reste, tu pourras le lire quand ce sera le temps.

Tout ce qui passe entre tes mains te sert à nourrir une partie de toi-même. Tout ce qui passe devant tes yeux aussi. Lorsque tu es témoin d'une scène, ne sois pas indifférent, demande-toi en quoi cela peut être utile d'assister à cela. Sois reconnaissant de ce que la vie t'apporte à tout moment. »

Le miroir peut t'envoyer le bon reflet.

J'aimerais te dire :

« La vie parfois peut nous paraître injuste, mais elle suit le cours de ce que nous avons nous-même choisi. Cela me fait de la peine de voir le mal que tu te donnes à essayer de tout comprendre d'un seul coup.

Puise en toi-même la force de continuer à vivre, même si tu n'obtiens pas tes réponses tout de suite. À chaque fois que j'en ai la chance, je place mes mains sur ton cœur pour te donner de la force, de l'énergie.

La nuit, quand tu dors, je te parle longuement pour te consoler, te réconforter. Je sais, moi, que tu es une bonne personne, fiable et généreuse. Et les bonnes personnes trouvent toujours une personne sur leur chemin pour leur permettre de croire que demain ira mieux.

Fais ce que tu penses être juste pour toi, pour ta paix intérieure. Trouve du silence pour réfléchir. La nature peut t'aider à trouver les réponses que tu cherches. N'aie pas peur de demander de l'aide, tu sais ce n'est pas un signe de faiblesse. Je suis de tout cœur avec toi, je parle aux anges afin qu'ils puissent t'aider à traverser ce moment douloureux de ta vie.

Je t'aime beaucoup et je te souhaite du bonheur et de l'amour pour emplir ton cœur et ta maison. Garde courage ! »

Votre ange aimerait vous dire:

« Ne remets pas à demain ce que tu crois être capable d'accomplir aujourd'hui. Trop souvent je t'ai vu avoir des regrets. Trop souvent je t'ai vu perdre du temps à élaborer des scénarios, tous plus bizarres les uns que les autres. Et pour arriver où? Nulle part!

Quand tu veux réellement quelque chose, pourquoi ne pas agir tout de suite? Quand tu crois avoir une bonne idée, pourquoi ne pas l'écrire dans un calepin, la placer en évidence devant toi pour y revenir quand tu en auras le temps?

Ces bonnes idées, c'est souvent moi qui te les souffle, oui, oui, même celle où je t'ai dit de partir au bord de la mer, que tu en avais drôlement besoin... Ce que j'essaie de te faire comprendre, c'est que tu n'as pas de temps à perdre pour vivre ta vie. As-tu remarqué que plus tu vieillis, plus le temps passe vite? Ne passe pas à côté des belles choses que le plan terrestre a à t'offrir.

Dans l'au-delà, plusieurs choses n'existent pas comme sur la terre. Il faut donc que tu profites de chaque petite chose de la vie. Ce soir, tu aurais envie d'aller souper avec un ami, mais nous ne sommes pas en fin de semaine. Qu'à cela ne tienne, invite-le quand même, quelle différence cela peut-il faire d'aller au resto un soir de semaine?

Ose faire les choses autrement pour une fois! Tu vas voir, ça ne fait pas si mal que ça, au contraire. J'aime bien quand tu sors de ta zone de confort et que tu essaies de nouvelles choses. Ça me fait travailler un peu!»

Ce que tu vois est ta réalité.

J'aimerais te dire :

« J'pense que j'me suis jamais vraiment incarné au complet. J'ai toujours été dans mon monde, toujours un peu en marge de la société.

Y a plein de choses que j'aurais voulu dire et laisser sur la terre, mais le plan terrestre manque de mots ! On est tous ignorants quand on est sur la terre et c'est ça qui fait mal. Mais il faut passer par là.

Toi, t'étais belle, belle dans ta féminité, belle dans ta victoire. Tu me fais penser à une coccinelle ou à une abeille avec tes ailes !

Mon âme était triste, nostalgique. Il lui manquait quelque chose. Je l'ai retrouvé ! Je suis un peu plus en paix, mais j'ai encore tellement de choses à comprendre.

Merci pour tout ce que t'étais, tout ce que tu m'as fait vivre ! J'suis content de ce que tu vis même si j'ai rien à voir là-dedans (rires) ! T'es un vrai rayon de soleil, avec de l'énergie à revendre. Tu fais bien de vivre ce que tu as à vivre.

En attendant de venir jouer de la musique ici avec moi, prends soin de toi, pis si t'es pus capable de faire les voyages, c'est pas grave !

Je retourne dans mon monde, là où je suis bien et où je peux donner libre cours à mes pensées et à mes émotions ! Salut ! »

Votre ange aimerait vous dire :

« Si tu es heureux de ce que tu fais présentement, tu es en chemin pour la réussite. Car le secret d'une vie réussie est d'aimer qui l'on est et ce que l'on fait.

Si tu as des doutes, je suis là pour t'aider à y voir plus clair. Commence par me dire ce que tu n'aimes pas dans ta vie. Ce que tu n'aimes pas en toi-même. Prends ton temps, tu sais que j'aime qu'on fasse les choses comme il faut.

Mieux encore, écris-les sur une feuille de papier et ensuite, quand tout est écrit, à côté de chacun de tes énoncés, place un numéro par priorité. Quel serait le premier point sur lequel il faudrait travailler ? Chaque fois que ta situation va s'améliorer, je te demande de faire une rature sur le problème réglé. Ensuite, nous passerons au suivant.

Pour faire cet exercice, il faut que tu sois ouvert à changer et à changer certains aspects de ta vie. Moi, je vais placer sur ta route des gens et des situations qui vont t'aider à aller dans la bonne direction. Et si tu as une idée de ce que tu aimerais plutôt faire ou avoir, ne te gêne pas pour me le dire aussi.

Plus tu es heureux, plus les autres autour de toi sont heureux, tu vas voir, c'est contagieux, le bonheur ! »

La réponse tu la connais.

J'aimerais te dire :

« Je suis en paix maintenant et libre. J'ai du calme enfin autour de moi. Je ne cherche pas à communiquer avec toi, mais oui, j'entends tes prières.

Mon cœur d'amour est avec toi, mais si je choisis de ne pas être sur la terre, ce n'est pas à cause de toi, mais bien parce que je ne veux plus garder de liens terrestres.

Nous pouvons être en contact autrement que dans le monde physique. Je ne sens pas le vide de la séparation, car je sais qu'un jour ou l'autre, nous nous retrouverons.

Là où j'évolue présentement est un plan plus spirituel, même si les fleurs, la musique, la nature nous entourent. Je suis en guérison de mes blessures émotionnelles. J'ai encore des choses à comprendre.

Toi, tu es grande maintenant, tu es forte, tu as encore de belles choses à vivre sur la terre. J'ai confiance en toi, que tu arriveras au bout de ta mission terrestre. Garde la foi. Parle aux anges. Mon cœur te sera toujours ouvert pour t'entendre me parler.

Dans la dimension où je suis, j'ai retrouvé d'autres âmes que j'ai croisées sur terre, ça me donne l'espoir de pouvoir te revoir un jour. »

Votre ange aimerait vous dire:

« Donne-toi le droit d'être heureux, d'être ce que tu veux, de faire ce qui te plaît! Qui peut t'en empêcher? La seule personne qui puisse te mettre un obstacle, c'est toi.

Te donner le droit est un grand geste, une belle euphorie. C'est à la fois grisant et cela peut te donner le vertige. Mais, en même temps, tu peux apprendre à vivre avec cette sensation, surtout lorsqu'elle t'apporte du bonheur.

Pour quelques instants, imagine-toi que tu es heureux en faisant ce que tu aimes dans la vie! Peu importe que ce soit de faire la cuisine pour ta famille, de faire du surf sur une plage d'Australie, de dormir jusqu'à demain matin... Et maintenant, qu'est-ce qui t'empêche de le faire? Le temps? Alors, prévois une date, prévois une saison, prévois une année. L'argent? Alors, fais-toi une enveloppe sur laquelle tu écriras le but que tu t'es fixé et, chaque fois que tu as de la monnaie ou qu'il te reste de l'argent de ta paye, dépose-le dans cette enveloppe.

Le seul fait de prévoir cette date ou de préparer cette enveloppe te donne des ailes, pas vrai? Te donner le droit d'être bien ne peut provenir que de toi. Lorsqu'une situation embêtante se produit pour toi, donne-toi le droit de la refuser. Donne-toi le droit de choisir comment le scénario devrait se dérouler, ensuite, fais tes choix.

Donne-toi le droit de croire en moi, de croire en nous! »

Puise la force au fond de toi-même.

J'aimerais te dire :

« Salut ! Allo ! Comment ça va (rires) ? Beaucoup de gens me parlent. Ayoye ! Ça fait du bien, ça ! On dit toujours que c'est quand ils partent qu'on réalise qu'ils nous manquent ! C'est ben vrai !

J'pensais jamais partir aussi vite ! Il me semble que c'est encore hier que je te parlais au téléphone. Je riais de toi ? Ben là, je ne ris plus ! Ça m'a aidé quand tu me parlais. Ça m'a aidé à me retrouver. Je comprends pas tout encore. J'voulais te dire merci, pis te dire que tu me manques.

C'est vrai que c'est beau ici. C'est facile d'être soi-même. Y a beaucoup moins de barrières, on n'est pas toujours en train de se demander ce que pensent les autres !

J'ai beaucoup de choses à me pardonner à moi-même et à me faire pardonner. Tu sais, il faut apprendre à s'aimer sur la terre, beaucoup, pour pouvoir relever la tête ici et avancer.

Je suis juste dans un autre monde que le tien, je sais pas encore comment ça s'appelle, mais on est ben, on ne souffre plus. Les anges ? Tes anges (rires) ? En tout cas, on a ben du fun !

J'essaierai de te faire un petit coucou de temps en temps si je peux, si j'apprends comment ! Bye ! »

Votre ange aimerait vous dire :

« Savais-tu, toi, que le bonheur était une récompense et non un but à atteindre ? Tu peux donc avoir autant de bonheur que tu veux ! Trouve-toi des occasions pour être récompensé. En ce moment même. Félicite-toi d'avoir demandé un message, d'avoir pris le temps pour toi de lire ce texte. Petit moment de bonheur !

Ce soir, rentre à la maison et souris à ton miroir dans l'entrée. Tu as eu une grosse journée au travail, mais au moins, tu as un travail : récompense ! Tu enlèves tes chaussures que tu as portées toute la journée, quel bonheur : récompense ! Tu te fais couler un bain très chaud pour te détendre, tu as de la bonne eau chaude : récompense !

Et il y en a tout plein comme ça juste pour toi. Si tu apprenais à les remarquer ? Tu regardes ta famille bien au chaud sur le tapis du salon en train de faire un casse-tête, un verre de lait et un biscuit dans l'assiette sur la petite table. C'est toi qui a fait ces enfants-là, c'est toi qui travaille pour leur donner une maison chaude et qui leur donne de quoi se nourrir : grosse récompense !

C'est un peu ça, le bonheur, on ne te l'avait pas dit ? Je suis là pour te le rappeler. Ça ne s'arrête pas là. Crée-toi des défis pour obtenir d'autres récompenses. Des récompenses matérielles comme des récompenses émotionnelles. Tu vas tellement bien te sentir que tu sauras enfin ce que goûte le bonheur ! »

Demande conseil à un professionnel.

J'aimerais te dire :

« Il m'arrive d'être encore avec toi. Quand je m'ennuie de notre vie, je viens vers toi. Je ne veux pas t'empêcher d'avancer, tu as encore des choses à faire. Oui, je me colle à tes énergies. Je t'entends me parler.

Je prends de longues marches avec toi. J'essaie d'être présente à tes pensées, surtout lorsqu'elles sont tournées vers moi. Ça me rassure, ça me réconforte.

Non, je ne vois pas tout ce que tu fais et ce qui arrive. Je vois seulement ce qui me sert à avancer. La peine est encore grande. Notre séparation est douloureuse.

La lumière et la chaleur de tes prières me font du bien, me redonnent de l'espoir. Je te trouve fort et courageux. J'aimerais que tu penses à toi, que tu sois heureux.

Le monde terrestre me manque, mes habitudes, ma vie, ma famille. Là où je suis, on m'aide, on me fait comprendre les choses. Ils sont patients. Peu importe le temps que ça prendra, je t'attendrai.

Peu m'importe si tu n'es pas seul, moi, je suis là dans ton cœur pour y rester. Mes sentiments sont encore présents et me font me sentir bien. Je voulais te dire merci ! »

Votre ange aimerait vous dire :

« Tu crois qu'il est trop tard pour changer ? Pour être celui ou celle que tu rêvais d'être ? Eh bien, non ! Il n'est jamais trop tard. Même si tu en étais à ton dernier jour sur la terre, il serait encore temps d'être la personne que tu voudrais être.

Mais, pour commencer, quel genre de personne voudrais-tu être ? Ensuite, qui es-tu comme personne ? Finalement, que te manque-t-il pour être cette personne ? Belle équation, n'est-ce pas ? Comme tu as plusieurs réponses, travaillons sur ce qu'il te manque. Crois-tu être capable de modifier des choses dans ta vie pour arriver à ton objectif ? Si tu réponds oui, nous poursuivons. Si tu réponds non, tu peux refermer ce livre immédiatement. Car dans la réalité tu ne veux pas vraiment être une autre personne.

Si tu continues cette lecture, cela veut dire que nous travaillons déjà à te changer. Explique-moi la chose que tu désires modifier chez toi : un comportement, un trait de caractère ? Pour pouvoir faire cette modification, il nous faudra tout d'abord travailler sur la cause... Qui a dit que c'était facile de changer ? Mais ne nous éternisons pas sur la cause, l'objectif n'étant pas de corriger le passé, mais bien de comprendre pourquoi tu es comme ça afin de pouvoir changer.

Tranquillement, nous modifierons ensemble ce trait de personnalité ou ce comportement afin que tu atteignes ton but : devenir une meilleure personne. »

Pas si tu n'y crois pas assez.

J'aimerais te dire :

« Pourquoi vous pensez toujours que c'est moi qui vous joue des tours (rires) ? C'est vrai que je pense à vous autres, que je veille sur vous, mais j'ai des limites (rires) ! Ben sûr que je veux pas qu'on m'oublie, mais y a des choses qui ne viennent pas de moi, même si je voulais !

J'ai travaillé fort dans ma vie. J'ai fait de belles choses. Mais ce que j'ai le mieux réussi, c'est ma famille. Je suis tellement content qu'elle soit là.

Et toi aussi, je suis content de t'avoir eue dans ma vie ! Sans toi, je ne sais pas ce que j'aurais fait (rires) ! Quand tu me demandes, je suis là. Je fais aussi de mon mieux pour que tu sentes ma présence, mais ce n'est pas toujours possible.

Là où je suis, je suis bien entouré. J'ai retrouvé d'autres membres de ma famille. Je suis là aussi quand d'autres quittent le plan terrestre. Nous accueillons même les animaux.

Je voulais te dire merci pour tes belles visites, tes belles prières depuis que je suis parti. On va remettre ça pour un autre monde.

Rappelle-toi toujours les bons moments qu'on a passés ensemble. Je te salue et je t'embrasse bien fort. »

Votre ange aimerait vous dire :

« On n'a qu'une seule vie à vivre ! Moi, ton ange, je te dis que tu as, à la fois, une seule vie à vivre... Donne tout ce que tu as à ta vie présente ! Tu ne seras qu'une seule fois la personne que tu es en ce moment. Ce rôle, tu ne le joueras que dans le scénario présent. Lors du prochain scénario, on ne sait pas si tu seras une femme, un homme, en santé ou malade...

À un moment ou à un autre, il faudra que tu cesses de répéter ton numéro et que tu le joues une bonne fois pour toutes. Amuse-toi, la vie c'est comme une grande scène. Tu as accès à tous les décors, tous les costumes, tous les rôles que tu veux. Si tu n'aimes pas le personnage ou la personne qui est dans ton costume en ce moment, changeons-le ! Si tu n'aimes pas le décor dans lequel ton personnage joue aujourd'hui, changeons-le !

Cette scène que tu joues depuis un bon bout de temps te convient-elle encore ? Si c'est le cas, je continuerai de la jouer avec toi. Cela me plaît aussi. Mais si cela ne te convient plus, faisons le changement ensemble. Créons un nouveau scénario. La vie peut encore t'offrir de belles aventures. Regarde autour de toi, y a-t-il d'autres personnages qui ont l'air malheureux ? Peut-être pourrais-tu leur donner le goût de jouer eux aussi ? Lorsqu'ils verront que tu as du plaisir, ils te suivront, ne crains rien ! »

> *Exercice : Ce soir, à table, propose aux gens avec lesquels tu prends ton dîner de jouer des rôles différents. Par exemple, donne aux enfants le rôle de parent et à toi, celui des enfants. Si vous êtes entre adultes, imaginez que vous faites partie du jet-set international et que vous pouvez changer le monde... Allez, joue ! Une seule vie à la fois ! Tu pourras voir les répercussions dans ta vie de ce petit jeu d'apparence anodin.*

Attends encore un peu.

J'aimerais te dire :

« Je suis bien arrivé. Mais pas au bout de mes peines. C'est si difficile pour moi. Je comprends les affaires, mais juste par petits bouts.

En ce moment, on procède à mon élévation spirituelle. Elle est d'une autre nature que celle à laquelle je croyais sur la terre. Et ce n'est pas facile, j'ai de la misère.

Y a encore des choses que je refuse de voir et de croire. C'est au-delà de mes forces pour le moment. Mais bientôt, j'y arrive-rai. Une autre chose qui est difficile pour moi, c'est d'accepter tout votre amour. J'ai de la misère à différencier les affaires, je suis sur mes gardes.

Je voudrais tellement faire la paix avec moi-même. Je crois que je vais avoir besoin de ton aide. Alors, aide-moi à comprendre tous ces bouleversements. Prie pour moi, afin que je puisse par-donner. Et que tu puisses me pardonner d'avoir fait la sourde oreille à tes demandes, à tes explications.

Fier et orgueilleux j'étais, mais ça c'était sur la terre. Mainte-nant, ça ne me sert plus à grand-chose ici. Alors j'essaie d'être moi-même et de voir le bien en moi. Je prie très fort pour cela.

À ma façon à moi, j'ai toujours voulu le bien pour ma famille. Et je réalise que ça n'a pas toujours eu de sens. Aujourd'hui, je veux tout simplement que tout le monde soit heureux. »

Votre ange aimerait vous dire :

« Quand cesseras-tu d'en parler pour commencer à le faire ? C'est toujours plus facile de dire ce que l'on pourrait réaliser avec des "si" que de poser le geste, n'est-ce pas ? Aujourd'hui, j'aimerais que tu cesses un peu de parler et que tu commences à agir ! À chaque fois que tu te prends à répéter : « Je le ferais 'si' », arrête, écoute ce que tu viens de dire et réfléchis au(x) geste(s) à poser pour que le tout se concrétise réellement.

Moi, ton ange, je ne veux que ton bien, que tu sois heureux. Et lorsque je vois à quel point tu peux dépenser de salive à parler pour rien, alors que je sais très bien que tu peux parvenir à tes fins, je suis triste pour toi.

Et c'en est même drôle quand tu te donnes raison. Tu n'as pas eu ce que tu voulais, ça n'a pas fonctionné ? Bien sûr, tu vas dire : "Je le savais !" As-tu remarqué que ceux qui réussissent ne commence jamais leurs phrases par des "si" ? Ils se disent que leur idée va fonctionner, ils y croient coûte que coûte et ils finissent par obtenir ce pour quoi ils ont travaillé.

Fais partie de ces personnes dont la parole concorde avec leurs actions. Toi aussi, tu en es capable. Secoue-toi juste un peu plus. Suis les signes que je place sur ta route, à commencer par ce message. Va de l'avant dans un projet, une idée, une décision. Je suis derrière toi ! »

Cela ne dépend pas de toi.

J'aimerais te dire :

« On est tellement bien ici ! C'est tout ce que je peux comprendre et c'est assez. Je te remercie beaucoup de ton dévouement et de ta présence.

Merci pour tes doigts de fée et pour ta patience, ta grande patience. C'est gentil d'être restée auprès de moi, de m'avoir pris dans tes bras parfois, comme un enfant.

Je regrette seulement de ne pas avoir eu la force de te le dire et la sagesse de te le démontrer. J'en étais incapable, j'avais trop mal. Je ne pensais pas que ça allait se dérouler comme ça, ce n'était pas prévu. J'étais tellement fatigué de me battre que j'en ai manqué des bouts.

Que Dieu me pardonne si je t'ai blessée, si je t'ai fait mal. Tu ne méritais sûrement pas ça. Mais je tiens à te dire qu'à quelques reprises, je n'étais plus conscient de mes comportements.

La vie est tellement courte, j'espère ben te retrouver un jour pour te remercier en personne. Tu as été très importante dans ma vie et pas juste en dernier. Pourquoi sur terre réagissons-nous autrement que selon notre vraie nature ? C'est ce que je me demande et c'est sur cela que je médite en ce moment. Encore une fois, merci d'être là et de continuer de m'aider à rejoindre ma lumière. »

Votre ange aimerait vous dire :

« *Pour que tu puisses acquérir de nouvelles connaissances, il faut que tu redonnes un peu de ce que tu as appris. C'est un peu comme une mémoire d'ordinateur. Quand elle est saturée, plus rien ne veut plus s'imprimer dessus. C'est la même chose avec toi.*

Donne de tes connaissances, tu ne les perdras jamais. Donne un peu de toi, tu ne mourras pas plus vite. Partage ce que tu sais, ce que tu connais. De cette manière, tu pourras apprendre à ton tour de nouvelles choses. N'aie pas peur de partager ton matériel, de le faire abîmer, ce n'est que du matériel, cela se remplace. Si tu le prêtes de bon cœur, la vie va te le remplacer, ne crains rien.

Les connaissances, tu peux les acquérir dans la vie de tous les jours, dans ton quotidien, mais aussi la nuit pendant ton sommeil. J'attends toujours le bon moment pour t'emmener avec moi et te faire apprendre autre chose. Mais les soirs où tu es trop fatigué, je dois te laisser te reposer et réénergiser ton corps physique.

Sois prêt à accueillir ces informations. Ne te demande pas toujours d'où ça vient et si tu peux faire confiance... Écoute ton intuition, c'est par cette petite voix que ton apprentissage remonte jusqu'à ton mental. Si tu veux, tu peux aller valider toutes ces informations avec d'autres ou en faisant des lectures. Quand tu seras rassuré, tu pourras à ton tour retransmettre l'information et en attendre de nouvelles. »

Interroge tes rêves.

J'aimerais te dire :

« Bonjour (rires)! Sur terre, nous avons tellement de choses à connaître et à faire! Je me réhabilite tranquillement. Je suis si heureuse maintenant, mais j'ai payé cher de ma vie. Je le regrette. Je ne veux pas que personne se sente coupable de ce que j'ai fait.

J'aimerais être avec vous tous, dans vos vies. Mais je dois travailler, je dois comprendre. Je sais qu'il y a des conséquences à ce que j'ai fait et je dois réparer. J'ai de l'aide. Les anges sont là avec moi. Ils sont sérieux et ils m'expliquent.

Je m'en veux de t'avoir fait de la peine, mais personne ne pouvait comprendre. Merci pour les fleurs, merci pour tes pensées réconfortantes. Je peux te dire aujourd'hui que je t'écoute, que j'apprends de tes conseils. Merci de m'aimer encore.

Je suis de plus en plus en paix avec moi-même et avec mes décisions. Mais à toi, je te dis de faire les bons choix, d'écouter ton petit cœur. J'ai confiance en toi, tu vas aller loin dans la vie. Tu vas être mes yeux et mes oreilles pour tout voir et tout entendre sur la terre. Vous me manquez!

Là je vais à l'école de la vie pour apprendre à mieux évoluer et à faire des choix qui sont sains. Je ne me prépare pas à revenir, mais je comprends ce que j'aurai à faire dans ma prochaine vie! »

Votre ange aimerait vous dire :

« Derrière chacune de tes expériences de vie sont les choix que ton âme a faits avant de s'incarner sur cette terre. Ce n'est pas toujours facile de l'assumer, je te l'accorde, mais ce que je te dis est bien vrai. Tu as choisi cette vie. Pas ce qui t'arrive en ce moment nécessairement, car il y a aussi ton libre arbitre, ton ego qui t'on conduit dans cette situation, laquelle reste tout de même le choix de ton âme.

Ne blâme jamais les autres pour ce qui t'arrive. Car personne ne tord le bras de personne pour parvenir à ses fins. Choisis plutôt consciemment ce que tu veux vivre. Commence tes phrases par: "J'ai choisi...", "J'ai choisi ce travail parce que...", "J'ai choisi cette relation parce que...", "J'ai choisi d'avoir des enfants parce que...".

C'est toujours toi qui choisis. Et sois content de ces choix, parce qu'ils sont là pour te prouver que tu es capable de réussir. Tu as tous les outils pour parvenir à atteindre tes objectifs. Et lorsque tu ne veux plus d'une situation, d'une relation, tu peux alors par tes propres choix modifier encore une fois ta vie. Ne dis pas que ce n'est pas de ta faute. Tu te mens à toi-même. Ne dis pas que tu n'y peux rien, tu peux toujours faire quelque chose.

N'attends pas que les autres changent, que la vie change. Ils ne le feront pas pour toi. C'est toi qui dois faire d'autres choix et toi seul, avec moi derrière toi bien sûr !»

Une personne très sage te donnera la réponse.

J'aimerais te dire :

« Encore vous autres (rires) ! Je ne peux pas avancer longtemps (rires) ! Vous aussi, vous me manquez. Et je ne pensais pas que ce serait autant !

J'aurais donc voulu me rapprocher avant, mais je ne pouvais pas ! On dirait que c'est plus facile maintenant, c'est moins intimidant ! Si vous saviez comme je vous comprends davantage. Ici, il n'y a plus de barrière de sentiments. Je vous aime beaucoup et je suis vraiment fier de vous tous !

Je manque de mots. Je suis pas très jasant. Le passé m'alourdit. Il y a un bout de ma vie qui me manque. J'essaie de comprendre. Il faut croire que je ne suis pas encore prêt à voir ça ! Mais j'ai tout mon temps maintenant.

N'attendez pas après moi. N'attendez pas mes conseils. Vous êtes assez grands et grandes pour savoir ce que vous faites (rires) ! Et peu importe vos choix et vos erreurs, moi je serai toujours fier de vous. À mes yeux, vous êtes tous spéciaux, chacune avec vos différences et c'est pour ça que je vous aime !

Ce que je ferais si je le pouvais ? Je vous serrerais très fort dans mes bras ! Continuez de penser à moi, de me parler, ça me fait du bien ! »

Votre ange aimerait vous dire :

« Il y a des moments dans la vie où on doit relaxer. On doit regarder le temps filer, devant une bonne tasse de café, ou encore devant le doux ressac des vagues de l'océan. Ce temps est nécessaire à la rêverie. Car c'est dans la rêverie que naissent les idées, les intuitions.

Il faut savoir s'arrêter pour mieux repartir. Mais on doit savoir aussi quand est le meilleur moment pour repartir. Il ne faut pas rester coincé dans le rêve, on doit commencer à agir dès que l'énergie se fait sentir.

Plusieurs auront rêvé d'une belle vie, d'autres l'auront accomplie. Laquelle de ces deux affirmations choisis-tu ? Rêver ou accomplir ? Et pourquoi ne pas accomplir tes rêves ?

Passes-tu beaucoup de temps à rêver à ce à quoi pourrait ressembler ta vie ? Si oui, je peux t'aider à réaliser un ou deux de ces rêves. Si tu trouves que tu ne rêves pas assez, prends une pause pour le faire. C'est bon et ça fait du bien. La vie ne doit pas être synonyme de difficulté, d'épreuve, d'obligation, de négatif, etc. La vie devrait être synonyme de joie, de plaisir, de désir, d'accomplissement.

À quoi ressemble ta vie en ce moment ? En es-tu satisfait ? Es-tu en pause ou as-tu un rythme effréné ces temps-ci ? On pourrait aller relaxer ensemble ? Je t'attends ! »

Un jour à la fois.

J'aimerais te dire :

« Je m'étais préparé à venir te parler. Je veux d'abord te dire que je vais bien et que je ne suis pas tout seul, je suis avec grand-maman (rires). Ça me fait du bien qu'elle soit là avec moi. Elle m'aide à mieux comprendre tout ce qui m'arrive.

C'est pas nous qui décidons de partir. Ça arrive quand on est prêt. Quand on a fini de comprendre ce qu'on était venu chercher sur la terre. Dans mon cas, j'ai pas tout fini de comprendre. Ça ne se fait pas juste comme ça.

Je veux que tu saches que j'aimais ma vie. Tu m'as rendu heureux à plusieurs occasions. Ce n'est pas parce qu'on est mort qu'on vous oublie. Pas moi en tout cas ! Et je t'ai aimée dès que je t'ai tenue dans mes bras !

J'étais pas très expressif, mais j'ai fait du mieux que j'ai pu (rires). Si j'avais pu me trouver autre chose à faire, je serais resté avec vous, mais pour moi, c'était bel et bien terminé.

Je vais toujours veiller sur toi. Je serai là chaque fois que tu vas me le demander, ça me fera toujours plaisir. Et peu importe où je suis, je t'entends, comme un écho dans mon cœur.

Fais attention à toi ! Marche la tête haute, soit fière de toi, tout le temps ! C'est ça qui va me rendre heureux ! »

Votre ange aimerait vous dire :

« Aujourd'hui, je te donne le mandat de trouver une raison pour rire ! Car le rire guérit bien des maux. Si aucune situation cocasse ne se présente à toi dans les prochaines minutes, je te conseille de louer un film comique ou un spectacle d'humour. Pourquoi ? Parce qu'il me semble qu'il manque une chose dans ta vie : le fou rire !

Le rire élève ton taux vibratoire. Et si ton taux vibratoire est plus élevé, tu seras plus heureux, plus content, plus confiant et mieux préparé à passer à l'action. Souviens-toi de la dernière fois que tu as ri à t'en plier en deux. Souviens-toi combien tu avais mal aux joues, mais combien cela t'a fait du bien.

Le rire est communicatif. Si tu en es capable, relève le défi suivant : va dans un lieu public, place sur ta tablette quelque chose qui te fera rire à coup sûr, et écoute-le. Ris autant que tu en es capable et, au bout d'un moment, observe les gens autour de toi. Ils vont commencer par sourire et ensuite, ils vont rire... sans comprendre pourquoi. Tu pourras être fier de toi, car tu auras réussi à faire augmenter le taux vibratoire de ces gens. Le rire est parfois plus fort que la prière.

Si tu n'oses pas aller dans un lieu public, installe-toi dans un endroit confortable et ris pour rien. Tu vas voir, tu te donneras toi-même le goût de rire pour vrai ! Imagine que plus tu ris, plus je ris derrière toi ! Allez, imagine ton ange gardien plié en deux, en train de rire aux larmes ! »

L'abondance, c'est pour toi !

J'aimerais te dire :

« Quel plaisir de te parler, ma chérie (rires) ! Oui, je te vois, et oui, je t'entends ! J'ai de la peine d'être partie aussi tôt dans ta vie, mais ça me console de savoir que tu n'es pas seule.

Oui, si j'étais encore là je te donnerais des conseils, mais je crois que tu n'en as pas besoin (rires) ! Tu as du caractère et je suis fière de toi.

Il m'arrive de venir dans tes rêves pour te parler, nous nous retrouvons comme avant et c'est pour moi une agréable sensation. Mais je ne sais pas toujours si tu t'en souviens.

Et quand tu vois un ange et que tu penses à moi, ça me fait plaisir. J'aime aussi beaucoup la musique. Elle fait du bien à l'âme. Quand tu ris, tu me rends heureuse. Je ne regrette rien de ma vie sauf de passer plus de temps avec toi pour mieux te connaître.

Pour l'instant, je vais bien, je poursuis mon évolution. J'ai de petites missions des fois. Comme celle d'aider les humains à mieux accepter leurs épreuves. Souvent, c'est auprès de la famille et de tes amis que je travaille. Je me dis que si tu les aimes, eh bien, que ce sont de bonnes personnes.

Ne te décourage pas et ne baisse jamais les bras, c'est comme ça qu'on devient fort ! »

Votre ange aimerait vous dire :

« *Si tu décides d'être heureux, c'est la santé qui t'attend, c'est le bonheur, c'est la réussite. Et je ne demande rien de mieux que d'être avec toi pour vivre tout cela. Mais si tu décides autre chose, je vais veiller sur toi. Ce n'est pas toujours facile d'être heureux, ça demande des efforts constants jusqu'à ce que ça devienne un automatisme pour toi que d'être heureux.*

Un automatisme. Tu sais ce que c'est ? C'est un réflexe occasionné par une situation qui se répète. Tu peux changer à tout moment ces automatismes. Ils n'étaient pas là quand tu as choisi de venir au monde. C'est toi qui les as créés. Donc, si tu le désires, tu peux modifier ces automatismes.

Commence par voir le bon côté des choses, tout le temps. Même dans les pires épreuves, il faut que tu voies le positif de la situation. Si ce n'est pas au moment présent, cela peut être dans le futur. Répète-toi souvent qu'il y a toujours une solution, que rien n'est impossible. Ce n'est pas de la magie. Les choses ne se régleront pas toutes seules d'elles-mêmes. Mais ce sera ton attitude qui fera toute la différence.

Si tu ne me crois pas, observe-toi. Quand une situation difficile se présente, quel automatisme cela déclenche-t-il chez toi ? De la colère ? De l'impatience ? Tu soupires à t'en fendre l'âme ? Est-ce difficile de provoquer cet automatisme ? Maintenant, pratique-toi à dire : "Bon, cette situation est là, quelle solution s'offre à moi ?" Tu as quand même le droit de pleurer, d'avoir du chagrin, de vivre une émotion de colère, ce sont des sentiments naturels. Mais apprends à ne pas les faire durer trop longtemps. »

Plus tu donnes, plus tu reçois.

J'aimerais te dire :

« Je te trouve tellement belle ! En cherchant à mieux te comprendre et pour t'aider à cheminer, je voudrais que tu saches que la sympathie, l'écoute des autres sont souvent notre plus grande richesse. Écouter sans juger, savoir lire entre les lignes, j'étais douée pour ça (rires) !

Si j'avais pu, et surtout, si j'avais eu le temps quand j'étais bien, je me serais ouvert un bureau juste pour écouter et réconforter les gens. Bien souvent, ils cherchent des réponses à leurs questions, alors que cette réponse est déjà présente à l'intérieur d'eux. J'aurais aimé la leur faire découvrir !

Une passion ? Les fleurs et la musique (rires) ! Voir fleurir des roses, les cultiver avec amour. En voir de toutes les couleurs, que ça sente bon ! Ici où je suis, il y a plein de jardins de fleurs, c'est féérique, je suis gâtée.

Et la musique ! Ah, la musique ! Ça ne fait pas que du bien aux oreilles ! C'est bon pour l'âme aussi ! Quand tu étais petite, j'aimais te fredonner des chansons pour t'endormir, j'aurais aimé me joindre à un groupe pour chanter. Alors, encore une fois, je le fais ici !

Je suis très heureuse de la vie que j'ai menée sur terre. Me dévouer pour les autres, pour toi, m'aura aidée à y accomplir ma mission !

Continue d'être belle, continue d'être toi ! »

Votre ange aimerait vous dire :

« J'aime bien partager ta joie. Mais ne t'emballe pas trop vite sur ce que tu anticipes. Et cela vaut autant pour les belles choses que pour les mauvaises. Réjouis-toi de ce que tu as accompli jusqu'à maintenant. Réjouis-toi de tes projets, d'être positif afin qu'ils se réalisent, mais attends avant de poser un geste qui serait associé à une réussite qui selon toi est assurée.

Par exemple, si tu mets ta maison à vendre, tu peux être positif et tu peux être certain qu'un résultat en découlera. Mais ne va pas acheter tout de suite une autre maison si tu n'as pas les moyens de payer deux hypothèques. Les conséquences peuvent être graves. De même, si tu promets une chose dépendant de circonstances incertaines, tu risques d'avoir du mal à vivre avec cette promesse.

Tiens pour acquis ce que tu possèdes et non ce que tu n'as pas pour le moment. En cours de route, tu pourrais choisir de changer d'idée, car une autre opportunité s'offre à toi. Visualise que tu es gagnant, oui, mais ne savoure pas la victoire avant d'avoir connu l'épreuve.

Je te dis cela dans le but de t'épargner de la souffrance. Pour que tu sois capable, en tout temps, de te regarder dans le miroir et d'être fier de toi. Et imagine ta fierté à toi, quand tu auras gagné cette victoire, tu pourras la savourer pleinement au moment présent, davantage que si tu y avais goûté à l'avance par petites bouchées. »

La réponse se trouve dans le sourire d'une personne.

J'aimerais te dire :

« Allo ma belle ! Oui, je suis bien et non, je n'ai plus peur de la mort. Pour moi, ça s'est fait doucement. Dans les bras des anges ! C'est le réveil qui a plutôt été brutal ! Quand on m'a dit que je ne reviendrais plus ! Je ne pouvais pas le croire ! Tout comme sur la terre ce sont les enfants qui m'ont aidée !

Je suis souvent là près de toi. Je veille sur mon monde, sur ceux que j'aime. Je te dis de profiter de ta vie terrestre, car des fois ça nous manque !

Je suis fière de moi, de ce que j'ai accompli, de qui j'étais. Je suis venue sur la terre pour semer l'amour et je crois que j'ai réussi.

Merci à toi d'avoir été là pour moi quand j'en avais besoin. Nos rires amicaux me manquent ! Ne sois pas triste quand tu penses à moi. Souviens-toi que je ris tout le temps (rires) !

Où je suis présentement, je joue avec les enfants. Je m'occupe de ceux qui sont seuls. Ceux dont les parents n'ont pas voulu. Je leur redonne confiance en eux-mêmes pour les aider à partir vers leur lumière et choisir une autre vie. Il y en a tellement de différents. Ça me fait du bien de m'occuper d'eux.

Je suis aussi avec mes enfants et je veille sur eux, je leur donne encore mon amour. Merci de m'avoir choisie pour te parler ! »

Votre ange aimerait vous dire :

« Si tu devais écrire le livre de ta vie, quel titre porterait ce livre ? Arrête-toi quelques secondes pour y penser.

Y aurait-il un sous-titre ? Qui en serait l'auteur ? Toi ? Un(e) collaborateur(trice) ? Assumerais-tu un nom de plume ? Réalises-tu que ce livre, après ta mort, existera bel et bien ? Il sera dans ce qu'on appelle les mémoires akashiques[1]. Quand tu te retrouveras dans cette autre dimension, tu devras relire ce livre pour t'aider à comprendre le sens de ton passage sur terre. Tout ce que tu auras fait sur terre y sera inscrit.

Chaque situation de ta vie constitue un chapitre de ce livre. Mais tu peux commencer, déjà sur terre, à essayer de saisir l'essence de ta vie. Tu peux en écrire une partie, enfin, celle que tu crois comprendre au moment où tu l'écris. Pour le reste, tu le comprendras lorsque tu seras mort, avec ta pleine conscience.

Les chapitres de ton livre ne doivent pas nécessairement relater des drames. Il peut aussi y avoir des chapitres de contes de fées, des pages où l'histoire se déroule dans une belle atmosphère de plaisir et de joie. »

Exercice : Pour bien saisir l'essence de ce message, je te propose l'exercice suivant. Prends quelques feuilles blanches et choisis un chapitre de ta vie. Commence par écrire l'histoire de ce que tu as vécu. Quand tu auras terminé, donne un titre à ce chapitre. Conserve-le précieusement en y notant ce que tu crois avoir réalisé aujourd'hui. Ce sera intéressant pour toi de le lire dans quelques années… ou bien quand tu seras rendu de l'autre côté.

Le matériel est un outil et non une réussite !

---

1 C'est une sorte de mémoire cosmique, de nature éthérique, qui, telle une pellicule sensible, enregistre les événements du monde.

J'aimerais te dire :

« Y a eu de meilleurs moments que celui-ci ! Je trouve ça encore difficile. Moi qui pensais que tout était fini après ! Ben non (rires) !

Heureusement, je me sens bien. Surtout quand je ne pense pas. Car c'est mes émotions, mes sentiments qui me font mal, plus que le reste ! Je voudrais aller plus vite pour comprendre, mais je peux pas !

J'ai repoussé beaucoup de choses et de gens avant ma mort, je sais pas pourquoi j'ai fait ça. Je voulais pas déranger, faut croire ! Aujourd'hui, je le regrette. J'aurais dû saisir cette chance. C'est moi qui me suis privé pour rien.

J'ai hâte d'aller rejoindre tout mon monde là-bas ! Mais j'ai des choses à faire avant. J'espère ne pas vous avoir laissé trop de troubles quand je suis parti ?

Quand je suis confus, je cherche encore mes choses dans les armoires. Je me sens perdu et j'aime pas ça. Tranquillement, je reprends conscience de ma mort et c'est comme si je devais recommencer. C'est moins long et moins important, mais au début, c'est pénible en maudit (rires) !

Continue de me parler, n'importe comment, mais fais-le (rires) ! Je sais que ça me donne de l'énergie et que ça m'aide. Merci, ma grande, je t'aime ! »

Votre ange aimerait vous dire :

« Gratitude ! Sois rempli de gratitude envers la vie, envers les gens que tu côtoies et tu verras que ceux-ci te le rendront bien.

Quand tu reçois un chèque, remercie ton employeur, remercie l'univers. Celui-ci comprendra que tu désires en avoir plus et tu attireras à toi l'abondance monétaire.

Quand ton amoureux t'embrasse et te donne de l'amour, remercie son âme, remercie l'univers. Celui-ci comprendra que tu désires en avoir plus et tu attireras une abondance d'amour.

Quand tu verras ton médecin et qu'il t'annoncera que tous tes examens sont beaux, remercie-toi et remercie l'univers. Celui-ci comprendra que tu désires être encore mieux et tu attireras à toi l'abondance dans la santé.

Quand tu recevras de bonnes nouvelles, remercie celui qui te les a apportées et remercie l'univers. Celui-ci comprendra que tu désires en recevoir plus et tu attireras à toi une abondance de bonnes nouvelles

Et ainsi de suite, dans tous les secteurs de ta vie. Sois reconnaissant des biens, des joies, des personnes qui t'entourent. S'ils sont là, c'est que tu le mérites et que tu as su remercier l'univers de les avoir eus un jour. »

Si cela crée un malaise, ce n'est pas pour toi.

J'aimerais te dire :

« Je suis contente de pouvoir te parler, enfin ! Écoute-moi bien !
Les prières sont le remède de bien des souffrances. Elles m'ont
aidée à traverser bien des étapes dans ma vie. Surtout quand
j'ai souffert. Quand je ne comprenais pas ce qui m'arrivait, je
priais, quand j'avais mal, je priais. Et je peux te dire que ça m'a
sauvée !

Alors, si je pouvais te donner un conseil ou si j'avais juste une
chose à te dire, c'est de croire à la puissance des prières ! À
part de ça, oui, je suis heureuse. J'ai retrouvé une partie de ma
famille. J'attends les autres !

Nous, les défunts, ne savons pas malheureusement ce qui vous
attend sur terre, nous ne connaissons pas vos missions de vie.
Mais nous avons la chance de pouvoir vous accompagner
quand c'est possible. Nous veillons sur vous en vous transmettant de l'amour inconditionnel.

Je te remercie d'être entrée dans ma vie. De tous les plaisirs et
du bien que tu m'as apportés. Continues d'écouter ton cœur,
il a toutes les réponses dont tu as besoin. Et tu dois aussi faire
des erreurs pour apprendre (rires), on ne peut pas toujours être
parfaite (rires) !

Je t'embrasse très fort et je te porterai toujours dans mon cœur,
je ne t'oublierai pas ! Sache que je t'aime pour toujours. »

Votre ange aimerait vous dire :

« Tu attires à toi ce que tu dégages. Ton attitude t'amène à vivre différentes expériences. Quand tu es souriant, que tu te sens léger, les gens viennent vers toi avec le sourire et tiennent des propos aimables et légers.

Par contre, lorsque tu es fâché, triste ou négatif, ton attitude fait en sorte que tu attires des gens vibrant de la même énergie que toi. Ensemble, vous vous échangez de l'énergie négative. Et il en résulte qu'après avoir dit au revoir à cette relation, tu puisses ressentir de la fatigue, voire une plus grande irritabilité.

Surveille ton taux vibratoire, tes énergies, ton attitude. Prends conscience de tes humeurs. Si tu ne te sens pas confortable, prends quelques minutes pour méditer et ainsi augmenter tes vibrations. Lors de ta méditation, visualise une belle lumière blanche qui t'entoure, te permettant ainsi de te protéger contre la négativité d'autrui.

Avant de sortir de la maison, apprends à sourire dans un miroir. Garde ce sourire à l'intérieur de toi toute la journée, tu verras la différence.

En ce moment même, c'est moi qui, derrière toi, te fait un grand sourire pour ensoleiller ta journée ! »

Marche par marche.

J'aimerais te dire :

« Ça, tu peux être sûr que j'essaie de communiquer avec toi ! Ça ne marche pas toujours, mais des fois, ça marche (rires) !

Je sais que c'est important pour toi que je sois là, et je le suis. Mais il faut aussi que j'avance dans mon nouveau monde (rires) ! Vous êtes belles à voir quand vous faites vos séances. Même que des fois, j'y vais quand t'es pas là.

Il y a tes rêves aussi où j'essaie de te voir, de te croiser. Pourquoi je ne peux pas toujours ? Ça reste un mystère ! L'autre fois, j'étais assis avec toi, pendant que tu regardais un film. Quelqu'un ou quelque chose s'est aperçu que j'étais là, mais pas toi (rires) !

Je voudrais que tu sois heureuse. Ne regrette pas le passé, on ne peut rien y changer. Regarde plutôt vers l'avant et vois ce que tu peux construire. Soit toujours fière de toi, courageuse. Rentre dans les obstacles et fais-les exploser ! Ne laisse pas les émotions t'abattre. Sois plus forte qu'elles ! Et surtout ne laisse pas les autres intervenir dans ta vie !

Lorsque ce sera le temps pour toi et aussi pour ma famille de partir, je vous retrouverai. En attendant, continue de croire en la communication avec l'au-delà. Sois prudente et protège-toi avec ton ange gardien quand tu en ressens le besoin ! Je t'embrasse ! »

Votre ange aimerait vous dire :

« Tu peux, par ton attitude, faire en sorte que les autres changent. Amuse-toi! Mets en pratique ce que je te dis ici. Choisis d'être heureux et communicatif aujourd'hui. Commence par te dire que rien ni personne ne pourra changer ton humeur, ton attitude.

Maintenant, marche la tête haute et souris de toutes tes dents. Regarde les gens dans les yeux et offre-leur un sourire. Tu peux aller jusqu'à leur donner une bonne poignée de main franche. Quand tu regardes une personne, imagine que plein de petites lumières convergent vers elle. Tu peux donner consciemment de tes énergies à l'autre, surtout quand tu es heureux.

Si une personne fuit ton regard, fuit ton beau sourire et ignore ta poignée de main, c'est qu'elle n'est pas prête à recevoir cette dose d'amour. Elle s'éloignera de toi automatiquement. Tu n'y peux rien, c'est comme ça. Il y a des gens qui, malheureusement, choisissent de rester dans une bulle d'énergie négative.

Concentre-toi plutôt sur les gens qui acceptent de recevoir tes sourires. Vois comme ils s'épanouissent, vois leurs épaules se redresser et leur tête se relever. Tu y es pour quelque chose. Et ce soir, avant de t'endormir, tu pourras te remercier, car tu auras, à ta manière, changé le cours de la journée d'au moins une personne. C'est gratifiant!

Si tu te sens gêné de le faire, demande-moi, je pourrai t'aider!»

Lève-toi et passe à l'action!

J'aimerais te dire :

« Ne lâche surtout pas ce que tu es en train de faire ! Tiens-toi debout (rires) ! Nous sommes fiers de toi ! Tu rayonnes bien depuis quelque temps et nous sommes heureux pour toi.

Ta persévérance est tout à ton honneur. Ne laisse pas les autres te contaminer avec leurs peurs et leurs doutes. C'est leur affaire, leur opinion. Ils ne peuvent comprendre.

Toi, c'est ta passion et ça paraît. Même si ce n'est pas toujours facile. Nous allons très bien. Ton grand-père est là-haut dans une autre vibration, alors que moi, je continue de veiller sur ma famille.

Tu as un grand cœur et je suis certaine que tu te débrouilles bien dans tes affaires. Ouvre ton cœur à l'amour, accepte de recevoir, ça aussi c'est important, il ne faut pas l'oublier.

Je suis contente aussi de savoir que tu travailles avec les anges. Tes petits rituels fonctionnent, alors n'arrête pas ! Parfois, je sens que tu as froid, que tu manques d'énergie, alors demande à ton ange de t'aider à refaire tes forces.

Pratique tout ce que tu peux ! Expérimente tout ce que la terre peut te donner ! Et en même temps, pense à toi ! »

Votre ange aimerait vous dire :

« Pourquoi chercher l'opinion des autres ? Pour te rassurer ? Pour ajouter à ta confusion ? Sache que chaque personne peut répondre à ton interrogation selon sa propre expérience, son propre vécu. Mais crois-tu qu'elle détient la vérité ? Je n'en suis pas sûr. Elle possède sa vérité, ce n'est pas la tienne.

Tout au fond de toi, tu as la réponse à ta question. Il te suffit de t'isoler dans un endroit calme, de prendre quelques bonnes respirations, de faire taire ton mental et ensuite, de te poser la question. Laisse remonter spontanément la réponse. Je te guiderai.

Il faut que tu apprennes par toi-même. Si ce sont les autres qui te donnent la réponse, qu'auras-tu appris ? Parfois l'expérience, même si elle s'avère difficile, est préférable pour toi que de tout recevoir tout cuit dans le bec !

Apprends à te faire confiance, à croire en ta petite voix intérieure. Cette situation se répétera encore une fois si tu ne règles pas toi-même le problème, si tu ne prends pas toi-même ta décision. Lorsque tu laisses les autres décider à ta place ou encore la vie décider à ta place, tu n'obtiens jamais ce que tu veux, alors pourquoi accepter ça ?

Ce n'est pas la première fois que tu vis cette expérience, regarde un peu le passé. Cette fois, prends les devants et prends seul ta décision, bonne ou mauvaise. Il en résultera malgré tout une belle expérience pour toi. »

Si tu ne demandes pas, tu ne sauras jamais.

J'aimerais te dire:

« Maman, même si certaines choses s'effacent, moi, je suis toujours là !

Maman, tu as le droit d'avoir de la peine parce que je ne suis plus là. Moi aussi, ça m'arrive d'en avoir.

Maman, des fois je suis comme le vent qui vient jouer dans tes beaux cheveux. Écoute le vent, on dirait que c'est moi qui te parle.

Maman, merci ! Pour tout ce que tu as fait pour moi. Merci de m'avoir gardée (rires) ! Je t'aime tellement !

Maman, n'aie plus peur pour moi, tout va bien. Je suis contente et je ne suis pas seule. Quand je suis partie, j'étais bien. C'était doux, ça me chatouillait. Il y avait plein d'enfants avec moi qui me disaient de les suivre ! J'ai même vu un grand-papa, il m'a souri, m'a saluée et m'a dit qu'il te connaissait !

Maman, maintenant que tu sais que je vais bien, fais la paix dans ton cœur et fais le ménage dans ta tête (rires) ! Tout le monde a fait ce qu'il fallait.

Maman, tu me manques aussi, mais on va se revoir ! Sois patiente, prends soin de ma famille, dis-leur qu'ils me manquent beaucoup. Merci pour les dessins, je les ai vus grâce aux anges !

Maman, je t'aime. »

Votre ange aimerait vous dire :

« Tu es une bonne personne. Vraiment. J'espère que tu le sais ? Et lorsque tu es une bonne personne, tu peux tout corriger. Corriger ton plan de vie, ton comportement, ton caractère... Quand ton souhait provient de ton cœur, il se réalise, l'as-tu remarqué ?

Lorsque tu envoies des ondes positives à une personne, tu fais un souhait avec ton cœur. Et ces ondes s'en vont directement à la personne concernée, n'en doute pas une seconde ! Cela provient d'une force et d'une volonté inébranlables, appelées AMOUR. Tu es capable de transformer les choses.

Tu as le pouvoir de changer. Les situations, ton attitude, tes relations, ta façon de voir les choses, de voir la vie. Il suffit de te brancher à ton cœur et à l'amour que tu dégages, et de faire le souhait que tu désires.

Les souhaits, en accord avec ton plan Divin, vont se réaliser en très peu de temps. Il faut que tu aies la foi. La foi en toi, en l'univers et en l'amour universel. Tout ce qui est souhaité avec amour est entendu par Dieu.

Souviens-toi que l'amour triomphe toujours ! Et comme ton âme est sur la bonne voie, tu vibres dans l'amour Divin. Tant et aussi longtemps que tu resteras sur cette voie, le soleil guidera tes pas et éclairera tes choix. Et c'est beaucoup plus facile pour moi de te suivre lorsque tu marches au soleil ! »

Quand tu veux, tu peux !

J'aimerais te dire :

« Hé, allo ! Je suis là ! Ce qui est important, c'est aujourd'hui ! On laisse faire hier… d'ailleurs je sais même pus c'était quand hier (rires) !

Tu sais, à chacun son calvaire, moi j'ai eu le mien et je suis bien contente que tout ça soit terminé. Non je ne suis pas contente de vous avoir quittés, seulement de ne plus souffrir. Vous me manquez. Je ne saurai jamais vous remercier assez pour ce que vous avez fait pour moi durant ma maladie et après, quand je suis partie. Vous avez épaulé ceux qui restaient. Merci.

Pour ceux qui se demandent pourquoi je suis partie aussi vite, sachez que ma mission était terminée. Complétée ! J'aurais bien voulu rester plus longtemps, mais ma destinée était de partir.

J'ai été heureuse sur terre, fois dix ! Chacun à votre manière, vous avez rendu ma vie plaisante et enrichissante. Gardez de bons souvenirs de moi, tout comme j'en garde de très bons de vous.

Un jour, nous nous retrouverons, c'est un peu ma consolation. Je vous aime très fort. Continuez de rayonner, tant vous faites plaisir à voir ! Je suis là pour vous aider encore maintenant, je ne peux m'en empêcher (rires) ! Salut ! »

Votre ange aimerait vous dire :

« Connais-tu ton ennemi ? Celui qui peut mettre les bâtons dans tes roues lorsque tu cherches à avancer ? Celui qui arrive à miner ta confiance en toi-même ? Ne cherche pas trop loin… Il est en toi, c'est la petite voix de ton mental.

Tu sais, cette deuxième petite voix qui vient semer le doute en toi lorsque tu crois sentir une bonne intuition ? Quand tu sembles flairer la bonne affaire ? Celle qui brandit des peurs plutôt que de t'encourager ? Bien sûr, elle fait partie de toi, elle vient créer un équilibre, sans elle, ce serait le chaos.

Mais tu peux apprendre à lui dire de se taire, de se tenir tranquille. C'est toujours toi qui as le dernier mot. Elle n'est là que pour te tester, pour voir si tu es confiant en ta décision. Lorsque tu es certain de ton coup, elle bat en retraite et se tait jusqu'à ce qu'elle sente une vulnérabilité de ta part.

Le mental est utile lorsque tu as besoin de ton sens logique, de ta mémoire, besoin de calculer, de penser, de réfléchir. Mais lorsque tu veux effectuer un changement, lorsque tu veux te brancher à ton essence Divine, il se sent rejeté et cherche à se faire entendre.

Quand tu ressens quelque chose de fort en toi, que tu en es convaincu, ne laisse pas ton mental te faire dévier de ta route. Ne le laisse pas prendre le dessus. Car parfois, pour arriver à atteindre ses objectifs, il faut apprendre à ne pas écouter son mental. »

Je suis à tes côtés, ne crains rien.

J'aimerais te dire:

« Je me repose. J'en ai besoin. Mais j'ai compris où je suis maintenant. Ce que je peux te dire, c'est que c'est beau, c'est beau ! La vie valait la peine d'être vécue pour arriver là où je repose maintenant.

Je te vois à travers une grande fenêtre. On me dit que c'est pour nous protéger toutes les deux de nos émotions. Comme ça, on ne se nuit pas l'une l'autre. On me laisse voir des jardins remplis de fleurs. Je marche longuement en reprenant mes énergies et ma conscience. Je peux respirer sans entraves d'aucune sorte. Je ne me fais plus réveiller à tout bout de champ (rires).

Je sais combien j'étais importante dans ta vie, je veux que tu saches que je le suis toujours. Tout comme tes prières et tes pensées le sont pour moi. Ce que je peux voir de toi maintenant est encore moindre que de mon vivant. Mais ce que je vois me rend fière de toi. Tu es belle et généreuse, encore plus que dans mon souvenir. C'est ta vraie nature que je vois maintenant.

Ne m'en mettez pas trop sur le dos (rires) ! Je dois cheminer dans mon nouveau monde. J'ai encore tellement de choses à découvrir, ça a pas de bon sens ! Si tu es patiente, un bon matin, j'irai te rejoindre dans ton rêve et il sera très spécial. Je t'embrasse. »

Votre ange aimerait vous dire :

« Qu'as-tu demandé aujourd'hui ? À moi, à l'univers, à la vie ? As-tu ouvert la main pour recevoir ? As-tu ouvert les bras, ton esprit pour accepter ?

Je te vois souvent demander des choses, mais je vois aussi que tu as de la difficulté à recevoir. À croire aussi que tu le mérites. Alors, pourquoi demander ? Es-tu conscient de ce que tu demandes ? Vraiment ? Arrête-toi et valide tout de suite. Quand tu as choisi de lire ce livre, était-ce pour demander quelque chose ? Oui.

Je t'envoie la réponse immédiatement. Tu l'as reçue ? Oui, au fond de toi. Tu as la réponse au fond de toi. Tu sais exactement ce que tu as à faire pour obtenir ce que tu as demandé. Maintenant, il n'en tient qu'à toi de faire ce qu'il faut pour l'avoir. Ne doute pas.

Je sais mettre sur ta route les bonnes personnes, les bonnes occasions pour que tes souhaits se réalisent. Ce n'est pas toujours exactement comme tu le voudrais, mais c'est ce que tu as demandé. Il faut dès lors apprendre à recevoir. À dire merci pour chacune des occasions qui sont placées sur ta route, pour l'exécution de ton désir profond.

Ce que tu demandes peut provenir d'une autre personne, dis donc tout simplement merci quand quelqu'un te tend la main ou te tend quelque chose. De même quand on te propose une invitation, une suggestion. Souviens-toi aussi que je peux passer par une autre personne pour répondre à ta demande. »

La beauté est dans les yeux de celui qui regarde.

J'aimerais te dire :

« Je suis contente de pouvoir te parler. J'aurais tellement de choses à te dire que je ne sais pas par quoi commencer. De mon côté, je vais bien. J'apprivoise ma nouvelle vie dans cette dimension qui est très différente de celle d'en bas.

La mort n'efface pas tout. Nous laissons des traces. On ne peut, une fois arrivé de l'autre côté, changer les choses. Nous devons assumer nos choix. C'est ce que je suis en train de faire. Bien sûr que j'ai des regrets, qui n'en a pas ? C'est facile, une fois rendu ici, de s'en rendre compte. En ce qui nous concerne, toi et moi, j'aurais voulu t'écouter plus. Entendre réellement ce que tu avais à dire. J'aurais peut-être mieux compris tes souffrances, tes manques et tes doutes. En tous les cas, je me serais davantage occupée de toi.

Je veille sur toi malgré mes limites. Ce que je sais, c'est que rien n'arrive pour rien dans la vie. Nous avons choisi chacune notre destin et nous avons été liées toi et moi pour vivre certaines choses. Je te le dis tout de suite, ces choses, tu ne pourras les comprendre qu'ici, dans ce monde d'évolution spirituelle.

En attendant, fais le maximum, sois au meilleur de toi-même. Tu peux compter sur moi pour te réconforter et t'écouter quand tu veux me parler. J'ai confiance en toi, tu peux réussir. »

Votre ange aimerait vous dire :

« Et si aujourd'hui était ta dernière journée sur terre? Que ferais-tu? T'es-tu déjà posé sérieusement la question? Non pas que je t'annonce une mort imminente, bien sûr! Mais j'aimerais que tu puisses t'arrêter un instant pour regarder ta vie.

Es-tu heureux? Fais-tu réellement ce que tu aimes? Es-tu avec la bonne personne? As-tu l'impression que tout va trop vite, que tu es fatigué? Chaque minute qui passe, chaque heure, chaque journée peut être la dernière. Alors, essaie de vivre la plus belle vie possible, le plus beau moment. De vivre surtout le moment présent.

Ferme les yeux quelques secondes. Là, maintenant! Prends conscience de l'endroit où tu te trouves, de ce que tu fais, avec qui tu es. Écoute les bruits autour de toi, ressens la chaleur de l'endroit. Une fois que tu as pris conscience de tout ça, que ferais-tu là, maintenant, si tu savais que c'est ta dernière journée? Tu appellerais ton amoureux? Un parent?

Tu irais magasiner? Tu irais t'amuser? Tu terminerais quelque chose que tu as commencé il y a longtemps? Aucune chose n'est plus importante que celle que tu as réellement le goût de faire. N'attends pas les grandes occasions pour fêter. N'attends pas la fin de semaine pour sortir, pour aller visiter ta famille. La vie est trop courte pour que tu repousses les plaisirs que peut te procurer ton passage sur terre. »

Tu connais déjà la réponse.

J'aimerais te dire :

« Ma chère petite, tu sais ce qui m'aide, moi ? C'est de prier la Vierge Marie ! Si tu as besoin de quelque chose je suis certaine qu'elle t'entendra, elle écoute tous ceux qui la prient. Je suis avec toi. Je veille sur toi, c'est mon plaisir.

Je peux encore t'aider. En t'écoutant, en te soutenant dans tes difficultés. Mais je sais que tu dois passer par là, bien malheureusement. Mon cœur fait des bonds à chaque fois qu'il t'arrive quelque chose, mais je comprends.

Tu sais, il y en a qui sont plus touchés que d'autres et chaque être humain a son ange pour l'aider à passer au travers. Je sais que tu es forte et courageuse. Tes couleurs sont belles autour de toi (rires). J'apprends à lire les couleurs maintenant, pour te comprendre mieux. Tout ton monde est ici, parfois près de moi. Ils veulent te saluer, ils savent que tu en a besoin. Ils t'aident tous à leur façon.

Ce qu'il faut que tu retiennes maintenant de mon message, c'est que tu n'es pas seule, nous sommes là et ton ange aussi ! Tu as plein de belles qualités, il faut les mettre de l'avant, sois capable de t'en servir.

La terre est un endroit d'apprentissage et moi, je trouve que tu te débrouilles bien mieux que tu penses. Je voudrais que tu prennes soin de toi et que tu continues d'aider les autres, car c'est à ce moment que je te trouve au meilleur de toi-même ! »

Votre ange aimerait vous dire :

« Il n'y a que toi qui peux décider. On ne peut le faire à ta place, même pas moi ! Si tu crois que c'est impossible, alors ça l'est. Tous les deux, on va croiser les bras et attendre. Au contraire, si tu crois que c'est possible, alors ça l'est. Tous les deux, nous allons retrousser nos manches et allons poser les gestes pour que tes rêves se réalisent.

As-tu remarqué que dans le mot impossible, il y a aussi le mot possible ? Donc, cela peut être possible ? N'est-ce pas ? Commence toujours par ce mot avant de dire l'autre. Il existe toujours une solution, toujours ! Je peux t'aider à la trouver. Je peux te souffler quelques réponses. Ouvre les yeux et les oreilles pour recevoir ces réponses.

Lève la tête et regarde autour de toi. Que peux-tu observer qui te donnerait une piste à suivre ? Regarde comme il faut. Il y a même plusieurs façons de voir ce que je te propose. Si tu vois en premier un téléphone, peut-être y a-t-il un appel que tu pourrais faire ? Si tu vois une télé, peut-être qu'une annonce ou une émission pourrait t'apporter la solution ?

Si tu as une radio près de toi, va vers elle et allume-la. Écoute la chanson qui joue ou l'annonce. Il se peut que la réponse s'y trouve. Si des gens t'entourent, écoute discrètement leur conversation, tu recevras peut-être le message que tu attends...

Ce qui rend les choses possibles, c'est toi. Ce qui les rend impossibles aussi. Alors, à toi de choisir ! »

Écoute la chanson que tu aimes en ce moment.

J'aimerais te dire:

« Allo, allo! Comment ça va (rires)? As-tu vu mon message? J'essaye de te l'envoyer, mais ça marche pas (rires). Je suis pas habituée avec ces choses-là!

T'es ben fine de prendre de mes nouvelles. T'en prends tout le temps. Je sais que tu ne m'oublies pas. Tu penses à moi comme pas une! Ben non, t'es pas *achalante*! Ici, y en a plein qui sont jaloux de moi (rires). Ils me trouvent bien chanceuse d'avoir du monde comme toi pour parler de moi comme ça. Faut croire que j'ai ben fait les choses!

Je ne voudrais surtout pas que tu m'en veuilles d'être partie. J'en avais assez fait comme ça. Je devais laisser ma place aux autres. D'ailleurs, je trouve que tu me ressembles pas mal, tu fais beaucoup de choses comme moi, je les faisais. Je suis bien contente de voir ça. Tu me remplaces un peu à ta façon (rires).

Ne t'inquiète plus pour nous, on est bien ici. On se voit régulièrement, mais on n'avance pas tous ensemble, y en a qui sont *bretteux*! Merci pour tout ce que tu as pu faire pour moi. Tes prières, tes bons mots, tout!

Sois fière de toi et de ce que tu deviens. Je t'ai montré de belles choses, mais aujourd'hui, c'est toi qui les fais et toi seule! Quand ta mission sera finie à ton tour, tu viendras nous rejoindre! »

Votre ange aimerait vous dire :

« Tu te souviens quand tu étais petit, quand tu n'avais aucune responsabilité, que tu pouvais faire ce que tu voulais ? Que choisissais-tu de faire ? Prends un moment pour te rappeler. Tu étais libre. Libre de prendre le jouet ou le jeu que tu désirais. Le temps était quelque chose que tu ne comprenais pas. Tu pensais que l'éternité existait. C'est ta maman qui te rappelait à l'ordre avec l'heure du dîner ou l'heure du souper.

Je te propose aujourd'hui de te choisir. De choisir de faire ce qui te plaît réellement. Fais-toi plaisir à toi-même. Aujourd'hui, l'espace de quelques heures, les responsabilités n'existent pas. Prends un jeu, un jouet, peu importe. Et oublie tout ! Amuse-toi. Réalise pendant que tu t'amuses que, pour une fois, tu fais exactement ce que tu veux. Et non ce que tu es obligé de faire.

Accorde-toi des pauses comme celles-là plus souvent. Cela va t'aider à passer à travers tes obligations. Jusqu'à ce que tu puisses faire presque toujours ce que tu as le goût de faire. C'est possible, tu sais, de faire que ce que l'on aime dans la vie. Oui, oui ! Tranquillement, ta vie évolue et tu évolues avec elle. Sois conscient des changements qu'elle amène. Fais des choix conscients. C'est comme ça que l'on parvient à faire que ce que l'on aime dans la vie.

C'est aussi une question d'attitude. Qui aime faire la vaisselle ? Mais quand tu t'arrêtes à réaliser que cette vaisselle t'a permis de manger un bon repas, en bonne compagnie et qu'elle te permettra de recommencer demain, cela devient beaucoup plus facile de le faire, n'est-ce pas ? Apprends à aimer ce que tu fais ou fais ce que tu aimes, dans l'ordre que tu souhaites ! »

Encore de la patience, le temps n'existe pas dans l'au-delà.

J'aimerais te dire :

«J'ai connu une fin difficile. Pour moi et pour vous autres. Mais je suis enfin heureux. Je suis en paix et ici, c'est la paix partout, la tranquillité. J'ai le temps de penser maintenant. Je découvre aussi de belles choses, des choses que je ne voyais pas avant sur terre.

Notre évolution dépend de chacun d'entre nous, autant sur terre qu'ici. Je suis content d'avoir pu partager de mon temps avec toi. J'espère que j'ai pu te montrer de belles choses qui te sont utiles. Ma vie a été riche en événements de toutes sortes. Ta mère et moi sommes passés au travers de bien des difficultés. Ce qui nous a aidés ? La foi.

Crois en toi, en ce que tu peux faire pour toi et pour les autres. Vois à changer ce que tu peux et ne t'acharne pas sur ce que tu ne peux pas changer. Tu es un vrai petit bout de femme, tout plein de caractère, sors-le (rires) ! Je communique davantage avec toi ici que lorsque j'étais sur terre. C'est parce que j'ai plus de patience et de compréhension. Je veux aussi ce qu'il y a de mieux pour ma famille. Je veille sur vous chaque jour que je le peux. Ma remise en forme a pris quelque temps, une éternité, il me semble (rires) ! Mais je peux dire que, maintenant, je mène une belle vie ! »

Votre ange aimerait vous dire :

« Chaque expérience que tu vis, tu la retiens. Et c'est précisément ce que tu es venu faire sur cette terre, des expériences. Plus tu es ouvert, plus tu vis ces expériences. Tu acquiers ainsi de nouvelles connaissances qui t'aident à évoluer, à devenir une meilleure personne.

Rien ne vaut la pratique ! Comment peux-tu savoir ce que c'est que d'aimer si tu ne pratiques pas l'amour ? Que sais-tu du don de soi, si tu ne t'es jamais donné à une autre personne ? Les expériences de ta vie te font grandir, te préparent toujours à autre chose. Il y a de belles expériences et il y en a de plus difficiles.

Mais de chacune d'entre elles, tu retiendras quelque chose. Applique-toi, car lorsque tu ne comprends pas bien la leçon, cette expérience a tendance à revenir dans ta vie. Prends le temps d'analyser la situation, de voir pourquoi elle est là, pourquoi c'est toi qui en écopes. Plus tu te poses les bonnes questions, plus tu avances.

Ces nouvelles connaissances t'aideront, mais elles pourront aussi aider d'autres personnes autour de toi. D'autres âmes ont à vivre des expériences comme les tiennes, cela vous permet d'échanger vos points de vue et de comprendre encore plus. Alors, n'hésite pas à parler de tes expériences avec d'autres personnes. »

Tout ce que tu voudras sera pour toi !

J'aimerais te dire :

« Ah ! Enfin très heureux que tu te décides à me parler (rires) ! Qu'est-ce que je pourrais te dire ? En fait, par quoi je devrais commencer ? Je pourrais écrire tout un bouquin (rires) !

Je suis surpris et très content de tout ce que j'ai accompli dans ma vie. J'ai cru à beaucoup de choses et c'est bien. Par contre, en arrivant ici, j'ai tout balancé à bout de bras. Je me suis rendu compte qu'à bien des occasions, je ne savais pas de quoi je parlais au fond. J'étais têtu dans mes histoires. Ici, c'est bien différent.

Je sais que j'ai aidé beaucoup de personnes dans ma vie et j'en suis fier. Mais je sais aussi que j'ai renvoyé bien des gens sans réponse convenable, au lieu d'écouter mon cœur et de leur dire ce que je pensais, même si c'était contre ma religion... Ça, ça m'a fait de la peine.

Ne me prenez pas pour un grand sage, j'avais aussi mes défauts (rires). Si j'ai pu changer quoi que ce soit à ta vie, j'en suis heureux. Si tu as besoin de ma force et de ma confiance, c'est déjà accordé, viens me parler quand tu veux. Ici, il n'y a pas d'heure où on dérange. Je suis un homme libre, beaucoup plus que je ne l'aurais cru. En fait, c'est ici, la vraie vie ! Je te l'annonce (rires) !

J'ai souvent dit qu'il faut regarder d'où l'on vient pour comprendre qui l'on est. Aujourd'hui, je te dis de regarder en avant pour voir ce que tu peux devenir sans l'influence du passé. »

Votre ange aimerait vous dire :

« *Sois en paix avec toi-même, avec tes choix, avec tes décisions. C'est TA vie ! Il y a tellement d'énergies différentes autour de toi, tu es constamment bombardé d'informations de toutes sortes. Ta liberté, c'est de faire des choix conscients.*

La décision que tu t'apprêtes à prendre ou que tu as pris dernièrement est la bonne. Si tu observes comme il faut, depuis que tu as fait ce choix, le calme semble vouloir s'installer en toi. Bien sûr, au début, ton mental essaiera de semer le doute. Les gens autour de toi aussi. Mais, dans ces moments-là, recueille-toi au fond de toi-même et reprends contact avec ce calme et cette sérénité.

Lorsque tu es en paix avec toi-même, tu es en paix avec l'univers. Tu es beaucoup plus ouvert et beaucoup plus intuitif. Ton pouvoir se décuple et tes idées deviennent de plus en plus claires. Il t'est alors facile d'avancer dans ta vie.

Essaie de garder le plus longtemps possible cette sensation. Pour pouvoir y revenir quand le chaos voudra réapparaître dans ta vie. C'est dans cet endroit précis que tu puiseras ta force afin de faire revenir le calme à l'intérieur de toi.

La méditation peut être un bon exercice pour faire la paix. Tous les moments de la journée sont bons pour la pratiquer. »

Avec beaucoup d'amour et de plaisir.

J'aimerais te dire :

« Oh là là, que ça me fait du bien de te parler ! Tu sais, ça m'en a pris du courage pour partir, me laisser aller. Mais je l'ai fait ! Et on est tellement bien ! Imagine-toi que je ne savais pas tout (rires), mais en gros, je savais ce qui m'attendait.

Mon passage sur terre aura laissé quelques traces de ma présence, surtout dans vos cœurs. Je ne vous oublie pas. Je pense à vous différemment. Je vous aide différemment. Hélas, je n'ai pas eu le temps de faire tout ce que je voulais avant de partir mais, d'où je suis, je règle les choses tranquillement. C'est plus facile à partir d'ici.

Tu as été une précieuse amie pour moi et tu me manques beaucoup. On se ressemblait en plusieurs choses, toi et moi. Inquiète-toi pas que j'tai fait une place ici à côté de moi. Quand je serai prête, je vais faire des enseignements ici. Pour l'instant, je me concentre sur ce que j'avais à comprendre de ma vie sur terre.

En tout cas, mon ange a bien ri de moi quand on s'est retrouvés, il m'a dit que j'avais une tête dure (rires) ! Attends, il a rien vu encore ! Viens donc me voir quand tu rêves, on pourrait reprendre notre discussion là où on l'a laissée ? »

Votre ange aimerait vous dire :

« Apprendre à pardonner n'est pas chose facile. Ce qui semble faire obstacle dans ta vie présentement provient d'un conflit lié à une autre personne ou à une situation passée. Essaie de faire le lien. Quand tu auras mis le doigt dessus, observe-le. Vois les émotions qui sont restées accrochées à cette personne ou à cette situation. Colère ? Impuissance, honte ? Peine, rage ?

Commence par libérer ces émotions. Pleure s'il le faut, défoule-toi. Quand tu auras évacué les émotions que ton corps émotif emprisonne, tu pourras pardonner. Tu le fais pour toi, non pas pour la personne ou pour la situation. Tu le fais pour te libérer, toi, pour que tu puisses enfin accéder à un taux vibratoire plus élevé, devenir heureux, être heureux.

Quand tu apprends à pardonner, tu apprends à aimer. Tes émotions vont dans la bonne direction et tes énergies sont utilisées pour de bonnes pensées. Pardonner confère un puissant sentiment de liberté. Cela te donne des ailes pour continuer de cheminer. Cela te redonne le goût de vivre, de tenter de nouvelles expériences.

Pardonne, laisse la place au bonheur. Et quand le bonheur frappera à ta porte, tu n'auras plus peur d'ouvrir, car tu sauras que tu peux vivre autre chose, que tu es prêt pour cela. Il y aura d'autres occasions où tu devras encore pardonner, mais cela deviendra plus facile pour toi de le faire immédiatement, plutôt que d'attendre que ton taux vibratoire s'alourdisse d'émotions négatives que tu traînes comme un boulet. Je vais t'aider à pardonner. »

Plutôt deux fois qu'une !

J'aimerais te dire :

« Je cherche encore les causes de ma mort. Je crois que je ne devrais pas être ici. Je sais que ma quête est longue, mais je tiens à faire tout ce chemin pour mieux comprendre la vie, la mort. On vient au monde et ensuite, on part sans avertissement. C'est ce que je demande à mon ange de m'expliquer. Il est bien patient.

Je me sens loin de ma famille, de ma femme, de mes enfants. Quelquefois, je peux les voir dans leurs rêves. Je les entends quand ils me parlent, mais je ne comprends pas toujours ce qu'ils veulent me demander ou me dire. C'est troublant. Moi qui pensais que tout s'expliquait après notre mort.

Il y a des moments où je m'amuse vraiment. D'autres membres de ma famille sont avec moi. C'est comme si nous avions des réunions de famille. Quand je vais moins bien, c'est encore eux qui sont là pour moi. Il y en a quelques-uns qui sont rendus plus loin. Dans ces moments-là, ils viennent nous aider. Comme tu vois, je n'avance pas très vite, je prends mon temps, car j'aime bien tout comprendre.

Que la vie vous soit belle ! Faites ce que vous avez à faire. Essayez de comprendre le plus de choses de votre vivant, comme ça, vous aurez moins de travail à faire ici. »

Votre ange aimerait vous dire :

« Ce que je te demande aujourd'hui, c'est de partager. Partager ce que tu as, ce que tu es. Regarde un peu autour de toi. Il y a des gens qui n'ont pas la moitié de ce que tu possèdes, même pas la moitié de tes connaissances. Et ils n'ont probablement pas vécu le tiers de ce que toi, tu as pu vivre depuis ton arrivée sur terre.

Considère-toi chanceux d'être la personne que tu es. Sois fier de toi, de ce que tu as accompli jusqu'à maintenant. C'est dans le partage que tu te rendras compte de tout ce que tu es et de tout ce que tu as. C'est le temps de faire du ménage! De te débarrasser des objets qui ne te sont plus utiles. De toute façon, ce sont des énergies qui stagnent. L'univers frappera bientôt à ta porte pour combler le vide que ce ménage a créé et pour le remplacer avec ce dont tu as besoin aujourd'hui.

Va donner ton nom pour faire du bénévolat. Parmi les gens que tu vas rencontrer et aider, l'univers placera sur ta route LA personne qu'il te faut pour obtenir l'avancement que tu attends. Plus tu donnes, plus la vie te donne à son tour, c'est ce qu'on appelle le karma.

N'aie pas peur du vide ou du manque. Ce que tu laisses aller, ton âme sait qu'elle n'en n'aura plus besoin dans le futur; elle sait que tu recevras mieux tout à l'heure. Fais-le de bon cœur, fais-le avec joie, amuse-toi. Observe le sourire et les yeux des gens lorsque tu partages. À elle seule, cette situation devrait te combler de bonheur. Le bonheur de pouvoir partager! Quel privilège tu as! »

Un jour ou l'autre.

J'aimerais te dire :

« Tu n'aurais rien pu faire pour changer la situation, il était trop tard. Les anges m'ont accueilli et je me suis laisser allé. C'était beau, j'étais bien. Les chants mélodieux m'ont accompagné jusqu'à ce que je sois arrivé au bon endroit.

Je laisse avec regret ma famille sur terre pour rejoindre celle du ciel. Mais c'est ici maintenant ma place. De là où je suis, je veille sur toi, sur ta famille. Les prières existent ici aussi et j'en fais pour toi, pour les autres. Je demande à vos anges de bien vous aider dans votre mission de vie.

Je vous souhaite d'être bien, d'être heureux comme je l'ai été. Je suis un peu moins rigide qu'avant, disons, moins à cheval sur mes principes. Je peux comprendre beaucoup plus de choses maintenant. Je tiens à te dire, plus particulièrement à toi, combien je suis fier de ce que tu es devenu. Tu es capable de te relever quand les coups durs arrivent. C'est tout à ton honneur.

Oui, je t'entends quand tu me parles. Mais je ne peux répondre à tes questions, du moins pas concrètement. De mon côté, je suis certain que tu prends les bonnes décisions. Suis le courant, vas voir où il te mène. Si tu n'aimes pas, change ta route. Tu es assez grand pour ça. »

Votre ange aimerait vous dire :

« Aide ton prochain, comme tu voudrais être aidé. Fais aux autres ce que tu voudrais que l'on te fasse. Tu verras la magie opérer ! Si tu grandis avec cette philosophie, ton attitude va attirer ce genre de situation.

Observe en ce moment même ton besoin. Tu as besoin d'attention, de reconnaissance ? Alors, va immédiatement vers une personne et félicite-la pour ce qu'elle est en train de faire. Sincèrement, si tu veux que cela fonctionne à ton tour. Tu es au restaurant, tu reçois un bon service ? Dis-le à cette personne. Demain, c'est ton client qui te dira merci et qui te félicitera à ton tour.

Tu veux recevoir de l'amour ? Donnes-en le plus possible aux gens qui t'entourent. À commencer par ton conjoint, même si tu crois que tu en donnes plus qu'il ne t'en donne ces temps-ci. Tu verras sous peu la transformation, mais je te le répète : tu dois être sincère dans ta démarche, sinon ça ne fonctionnera pas.

Tu as besoin d'un conseil ? Cherche une personne qui a besoin de toi et de tes connaissances. Tu verras qu'à la fin de la conversation, ta question aura trouvé sa réponse, car souvent c'est en parlant avec les autres que nous trouvons nos réponses. A la fin de votre conversation, cette même personne te renverra à une autre personne qui te donnera ce dont tu as besoin.

La vie, c'est comme ça ! Si tu t'ouvres aux autres, la vie s'ouvrira à toi et te fera vivre de belles aventures. »

Dans un rêve pour commencer, tu sauras.

J'aimerais te dire :

« Premièrement, merci de m'accompagner encore dans ma démarche spirituelle, tu es un ange (rires) ! Tout a sa raison d'être ici. Chaque chose nous est expliquée jusque dans ses moindres détails. Si tu étais ici, tu comprendrais. Je suis heureuse de te retrouver une autre fois.

Mon passage de la terre au ciel s'est bien déroulé. J'ai dormi pendant quelque temps, j'étais si fatiguée. Des bras m'ont bercée. La musique a fait en sorte que mes vibrations se sont élevées. Et j'ai pu rejoindre ma famille. Tout d'abord, papa, maman. Que c'était bon de les retrouver. Ensuite, il y a eu les autres, oncles, tantes…

J'ai eu droit à une visite particulière… La Sainte Vierge elle-même. Oh, mon Dieu ! Quelle grâce ! Elle se place à notre niveau, et avec moi elle a parlé et elle a chanté. Non, mais tu te rends compte (rires) ?

Aujourd'hui, j'évolue à mon rythme, je ne vois pas ma famille tous les jours comme on le croit sur terre. Car nous n'avançons pas tous au même rythme. Mais ne t'inquiète pas, je ne suis pas seule et je ne me sens pas seule. Non, mon sentiment actuellement en est un de liberté ! Libre d'être moi-même, de ne plus avoir peur de rien. »

Votre ange aimerait vous dire :

« En ce moment, tu es en train de vivre un éveil de conscience. Les changements que tu ressens sont normaux. Ton taux vibratoire change lui aussi. Ta vie commence à changer. Tu deviens de plus en plus conscient de tes émotions, de ce qui t'entoure. Ce n'est pas facile, mais en même temps, c'est la preuve que tu évolues.

Tu ne peux plus te cacher. Faire taire tes pensées, tes intuitions. Elles sont bel et bien là. Tu peux voir les autres différemment, mais ne les juge pas. Ils n'ont pas encore eu cet éveil. Les énergies terrestres y sont pour quelque chose. Mais tu es prêt. Prêt à devenir plus conscient de jour en jour.

Les expériences viendront plus rapidement, prépare-toi. Tu les comprendras plus vite aussi. Tu feras des choix rapides, spontanés. Tu ne peux plus reculer maintenant. Tu ne peux plus faire comme avant, c'est-à-dire faire semblant que ça [la réalité, le monde que l'on découvre par nos expériences] n'existe pas, que ce n'est pas là, que ce n'est pas réel. Tu verras les gens sous leur vrai jour, les situations t'apparaîtront plus évidentes.

Ton âme entrera davantage en télépathie avec les autres âmes. Tu me sentiras beaucoup plus près de toi. Accueille ce nouvel état, c'est là que tu es rendu maintenant. Tu viens de franchir une grande étape de conscience. Tes rêves te sembleront, pour un moment, plus vrais, plus spirituels. Tu verras les couleurs différemment, tu entendras les sons différemment, beaucoup de choses se modifieront graduellement. »

Tout est possible à celui qui croit.

J'aimerais te dire :

« Eille ! Que je suis content de te parler ! Faut pas avoir peur. Peur de nous demander notre avis, même quand on est mort. Si tu savais la libération que c'est ! Il me reste encore des petites choses à détacher, mais ça va bien.

On va mettre les choses au clair tout de suite. J'avais mes torts, t'avais les tiens. Mais on a quand même passé de bons moments ensemble. Bon, moi c'est de ça que je veux me rappeler (rires). Il ne faut pas que tu aies des regrets, ça pourrit la vie ! Non, non. Écoute, on va pouvoir se voir ici et je te promets qu'on va pouvoir reparler de tout ça.

Maintenant, c'est à toi qu'il faut penser. Sois belle, retrouve le soleil, va chercher au fin fond de toi la joie de vivre que tu avais. Regarde autour de toi, les gens t'aiment et ils ont envie d'être avec toi. Je sais que je ne t'ai pas toujours rendu la vie facile. Mais je voudrais te voir sourire à nouveau, te voir heureuse.

Mets le passé derrière toi, bâtis-toi un avenir comme tu l'as toujours voulu. Tu le mérites. Personne ne va le faire à ta place. Quand on s'est quittés, je n'ai pas eu le temps de te dire que ta présence à mes côtés, durant toute une période de ma vie, a été vraiment appréciée. »

Votre ange aimerait vous dire :

« J'aimerais bien que tu puisses parfois t'écouter parler ! Tu devrais entendre ce que tu dis, tu comprendrais mieux ta propre vie ! Les paroles que tu prononces sont importantes, car ton cerveau les enregistre et les prend pour la réalité. Par exemple, lorsque tu dis : "Pauvre moi !", ton cerveau comprend que tu veux être pauvre. Quand tu répètes : "Je ne suis pas capable", eh bien, ton cerveau croit ce que tu dis... et tes paroles attirent tes expériences.

Joue à un jeu aujourd'hui. Répète souvent que tu es bon, aimable, capable. Répète que la vie est bonne avec toi, qu'elle t'amène tout ce dont tu as besoin, et ce, avec facilité. Ce n'est pas de la magie que je te propose, c'est de prendre conscience que tu peux avancer grâce à tes paroles. Tu peux te convaincre toi-même juste en te parlant. Essaie !

Tu es ce que tu répètes chaque jour. Ta vie ressemble à ce que tu répètes chaque jour. En prenant conscience de tes paroles, tu comprendras mieux pourquoi tel ou tel événement t'attend au coin de ta rue. Tu observeras aussi que les gens te parlent comme tu te parles. Si tu te traites de toutes sortes de noms, ils feront la même chose. Au contraire, si tu te parles avec respect, les gens auront tendance à te parler avec respect.

Alors ? Tu es prêt à tenter l'expérience ? À partir de maintenant, écoute ce que tu te dis et ce que tu dis quand tu parles aux autres. Je vais tenter de te le faire remarquer tout au long de la journée ! »

Cela se trouve tout près de toi.

J'aimerais te dire :

« La vie est trop courte pour tout savoir en une seule fois. Des erreurs, j'en ai commises. Mais aujourd'hui, je sais que j'en étais le seul responsable. J'en ai d'abord voulu à la terre entière avant de tourner cette colère contre moi. Et là, ça n'a pas passé.

J'ai beaucoup évolué, on m'a aidé. J'ai reçu beaucoup d'amour. De la part de mes amis, qui n'ont pas compris pourquoi j'étais parti. De la part des membres de ma famille qui ont vécu beaucoup de douleur, car eux n'ont plus ne comprenaient pas. Avec tout cet amour, j'ai pu me réhabiliter.

La musique et les prières m'aident, encore aujourd'hui. Ce qui n'est pas facile, c'est que je vais devoir revenir et compléter ce que je n'ai pas fait la première fois. On m'accorde de vous parler, de vous voir parfois. Si cela m'aide, c'est certain que je peux le faire.

La terre est un formidable endroit pour apprendre. Ici, c'est plutôt un endroit pour comprendre. Comme à mon habitude, je parle de moi. Je sais que tu es là. Qu'il t'arrive de te poser des questions sur l'au-delà. Merci d'être qui tu es et d'être passé dans ma vie. Tu as mis un peu de soleil et de fleur dans mes journées grises.

Votre ange aimerait vous dire :

« Aujourd'hui, j'ai décidé pour toi que ce serait une belle journée, une magnifique journée ! Peu importe ton humeur, je vais faire en sorte que tu puisses rire à gorge déployée de quelque chose qui arrivera dans ta vie. Je vais placer un drôle d'hurluberlu devant toi, tu n'auras d'autre choix que de lui répondre ou de faire une activité avec lui.

Tu vas recevoir d'ici quelques jours une bonne nouvelle et tu ne pourras t'empêcher de sourire, de sauter partout comme lorsque tu étais enfant et que tes parents t'offraient le cadeau de tes rêves. Je veux te montrer que tu en es capable. Tu es capable de vivre une belle journée, peu importe ce que tu crois et quoi qu'il arrive.

Ne t'en fais pas, tu ne pourras pas passer à côté, même si tu cours te cacher sous tes couvertures pour les prochaines vingt-quatre heures ! Je te mets au défi ! Mais sois honnête, si quelque chose t'arrive et que ça te fait sourire, reconnais-le. Et ce, toute les fois où cela arrivera aujourd'hui.

Cela te permettra de penser encore plus à moi et à mes interactions avec toi. Tu te demanderas comment j'arrive à faire ça... et tu te demanderas aussi pourquoi je ne suis pas toujours là quand tu me réclames... Ce n'est pas aussi facile que ça. Là, maintenant, je décide que tu as réellement besoin d'avoir une belle journée et c'est moi qui te l'offre ! Alors, on commence ? »

Tu en demandes trop à la fois.

219

J'aimerais te dire :

« Il m'arrive encore de m'inquiéter pour toi ! Je crois qu'on reste une maman toute sa vie et même après (rires). Je sais que tu es grande maintenant et que tu sais faire ton bout de chemin. Mais je ne peux m'empêcher de me demander si tu ne manques de rien.

Je suis assez bien où je suis. Je m'occupe. Je travaille sur moi-même. Je vais à l'école (rires). Eh oui ! Encore, même ici ! Ce que j'apprends ? Comprendre ce qu'est la vie, la spiritualité. J'aide aussi les autres âmes à cheminer. C'est souvent moi qui accueille les nouvelles âmes dans cette école.

On dit de moi que je suis très patiente (rires). Cela me fait du bien de me sentir utile. Quand ma famille a un besoin, c'est toujours elle qui passe en premier. Dès que je vous entends me réclamer, je me joins à vous. Dans les bons moments, comme dans ceux qui sont plus difficiles.

Ma vie, je l'ai vue comme au cinéma. Je ne pouvais pas croire tout ce que je voyais ! Et après, on se dit incapable d'agir ! J'ai été étonnée de voir tout ce que j'avais pu faire. Merci encore à toi d'avoir été à mes côtés. J'ai apprécié chacune des minutes que nous avons passées ensemble. Je t'envoie plein d'amour et de caresses. »

Votre ange aimerait vous dire :

« Tu n'es pas sur terre que pour vivre des épreuves ! Tu dois aussi apprendre à vivre des joies, du plaisir, du bonheur. Ces sensations, tu peux les retrouver dans les petites choses de la vie, dans ton quotidien, même si rien d'époustouflant ne survient.

Cela peut être dans un courriel reçu, dans un sourire d'enfant, dans le baiser d'un amoureux... La vie renferme plein de petits moments heureux comme ceux-là. Il faut savoir les cueillir. Le bonheur, ça s'apprivoise, tous les gens ne choisissent pas d'être heureux. Toi ? Tu veux choisir de goûter au plaisir, de savourer le bonheur, d'entendre la joie dans ton cœur ?

C'est ce que je te propose de faire aujourd'hui. Cherchons ensemble le bonheur. Mais peut-être découvrirons-nous le plaisir en premier ? Ou vivras-tu la joie juste avant ? Peu importe ! Par quoi commençons-nous ? Emmène ce livre avec toi, peu importe où tu iras. Quand tu en sentiras la nécessité, prête ton livre à une personne qui aurait besoin d'un message de son ange. Prends le temps de lui expliquer l'exercice. Ensuite, cueille la joie d'avoir rendu cette personne heureuse !

Continue ton chemin. Quelle expérience se présente à toi maintenant ? Plaisir, joie ou bonheur ? Peut-être les trois ? À la fin de la journée, il serait intéressant que tu puisses transcrire ces petits moments heureux de ta journée. Pour que tu puisses y revenir les jours où tu trouveras que la vie est difficile ou lorsque tu diras que la vie n'est jamais belle... »

Tu peux compter sur moi.

J'aimerais te dire :

« Enfin, j'ai rejoint les étoiles. Je suis si fatiguée. Mais, en même temps, je me sens tellement bien. C'est ça, la félicité. Une aura de chaleur m'entoure. Je ressens de la légèreté. Je peux aller où je veux, sans entraves, je n'ai qu'à y penser.

Un homme m'a tendu les bras pour m'accueillir. J'étais heureuse de le retrouver. Ici, pas de cachotteries. On comprend tout, tout de suite. On ne s'étend pas sur des explications. Il m'a fait voyager avec lui au début. Ensuite, il m'a dit que j'étais capable toute seule. Ma première vraie visite sur terre a été pour toi. Je ne sais pas trop où j'ai atterri (rires), c'était pas comme dans mon souvenir. J'ai vu deux images de toi, une où tu étais allongée et l'autre où tu étais penchée en train d'écrire et tu pleurais.

Tu as été tellement bonne avec moi, tellement douce. Merci. Je vois des anges autour de toi. Je sais maintenant qu'ils t'aident à avancer. Ce sont eux qui savent ce qui est bon pour toi. Ce sont eux qui savent ce que ton âme a choisi comme mission. Interroge-les ! Ils te diront.

Nous avons fait beaucoup de chemin ensemble et je crois sincèrement que nous allons nous retrouver un jour. C'est un de mes souhaits et cela m'aide à continuer de croire tout ce que je vois et tout ce qui se passe ici. Je t'ai tellement souhaitée sur terre, tellement attendue, je peux pas croire que je le refais encore d'ici (rires). Fais ta vie, ma belle fille, et sois heureuse ! »

Votre ange aimerait vous dire:

« Je te parle souvent de donner aux autres. En ce moment, je veux que tu te donnes des choses à toi. Du temps, du plaisir, du courage, de l'écoute. Choisis! Tu es la personne la plus importante sur terre. Tu es né pour toi et tu partiras quand tu auras terminé ta mission sur terre.

Si tu ne le fais pas pour toi-même, qui le fera? Je ne peux faire les choses à ta place. Je ne peux te donner tout ce que tu demandes sans que tu ne fasses rien. Je peux t'accompagner, je peux te donner des indices, mais ce sera toujours à toi seul de comprendre et de décider.

Oui, tu peux compter sur moi, je suis là pour t'aider à réaliser ta mission de vie. Je coopère avec toi quand tu es en action. Mais il faut aussi que tu comprennes que c'est TA vie, que tu es responsable de devenir une meilleure personne pour être fier de toi-même.

Donc, maintenant, que voulais-tu demander? Qu'es-tu prêt à faire pour réussir à atteindre ton objectif, ton but? Commence par décider ici, maintenant: quelle sera la première chose à laquelle tu vas t'attaquer? Bon! Là je te suis. Tu es toi seul capable de te donner ces opportunités; n'attends pas que ce soit les autres qui te les donnent. Tu verras qu'à force d'être bien et d'être heureux, les gens autour de toi voudront participer et qu'à ce moment-là, ils pourront te donner parce que tu auras commencé par te donner à toi-même!»

Les miracles existent, il suffit d'y croire assez fort.

J'aimerais te dire :

« Le temps passe et on s'en aperçoit même pas ! Il me semble qu'il n'y a pas si longtemps, on s'obstinait toutes les deux (rires) ! Tu me manques. Je voudrais être là encore avec vous autres. Mais la vie est autrement.

Je suis dans la lumière. En fait, on doit dire dans la conscience. Ça veut dire que je comprends ben des affaires (rires) ! Il faut oublier les tragédies et se concentrer sur le bonheur. Même si ce sont de petits riens qui nous font sourire, il faut les voir et absorber leur énergie. Ici, c'est ce qui nous aide à avancer.

Au début de mon changement de conscience, je ne me trouvais plus. J'allais à maison, mais je ne retrouvais plus mes affaires. J'ai même été dans la maison de notre enfance. Je me sentais perdue. Ça me faisait peur. Maintenant, j'ai apprivoisé tout ça. Je sais comment aller où je veux. Non pas dans les maisons en tant que telles, mais bien auprès de ceux que j'aime.

J'ai vu les grands changements dans ta vie ! Wow ! Je suis fière de toi. Tu rayonnes en titi ! Mais fais attention à ta santé, des fois tu rayonnes pâle. Vous êtes toujours vivants dans mon cœur. Je pense à vous autres et je prie pour vous et vos familles. »

Votre ange aimerait vous dire :

« Aujourd'hui, c'est Noël ! Ou fais comme si. Quel est ton plus grand désir ? Nous travaillerons sur ce désir. Cherche quelque chose qui te ferait vraiment plaisir. Ce peut être un désir matériel, une voiture par exemple, un ordinateur, le dernier livre de recettes de ton chef préféré...

Ce désir peut être personnel, par exemple, inviter telle ou telle personne pour lui révéler tes sentiments, te réconcilier avec un de tes proches, vouloir changer une facette de ton caractère, de ton physique...

Cela peut aussi être du temps que tu veux t'accorder, des vacances, un congé, un week-end en amoureux ou en solitaire en pleine nature...

Peu importe, nous prendrons la journée pour le trouver et, si tu l'as déjà, nous prendrons la journée pour poser des gestes qui t'amèneront à réaliser ce désir. Y a-t-il des choses qui ne te conviennent plus ? Tu pourrais commencer par faire un peu de ménage. Détache-toi de ce qui ne t'est plus important.

Ce que tu passes ton temps à remettre, termine-le aujourd'hui. Premièrement, tu vas te sentir mieux. Deuxièmement, tu vas avoir tout ton temps pour profiter de ce que tu désires. C'est aussi très important d'écrire ce qui te ferait plaisir sur une feuille, pour le mémoriser. Place-la dans ton agenda ou à un endroit où tu peux souvent la voir. Pourquoi pas sur ton téléphone ?

Plus tu penseras à ce désir, plus tes pas t'y amèneront ! »

Laisse passer une saison.

J'aimerais te dire :

« Si je t'ai pardonné ? C'est bien à moi de te demander pardon !
Je n'étais pas facile. Pas facile à comprendre. Si tu savais toutes
les peurs qui m'habitaient. La plus grande ? Celle d'être rejetée.
Et elle était là depuis mon enfance. J'ai compris bien des choses
en arrivant ici.

Ne sois pas si dure avec toi-même. Même les femmes les plus
fortes ont besoin de se pencher sur une autre personne. Je m'en
veux de ne pas avoir été là quand tu en as eu besoin. Encore
une fois, mes peurs m'en empêchaient. Je ne le faisais pas voir...
mais j'aurais dû.

Je suis encore en guérison. On ne change pas radicalement en
arrivant ici. Je m'en veux d'avoir agi de la sorte. J'ai la sensation d'avoir repoussé tout le monde. C'est triste. Aujourd'hui,
je me rends compte que j'ai toujours eu besoin d'eux. Tu vois,
j'ai beaucoup de travail à faire (rires).

Continue de prier pour moi. Tranquillement, mais sûrement.
Si tu veux me parler, fais-le pour comprendre mes réponses.
Écoute des chansons, tu comprendras ce que je veux te dire. »

Votre ange aimerait vous dire :

« Qu'est-ce qui te semble difficile ces jours-ci ? Choisis une seule chose. Celle qui te cause réellement des soucis. Celle qui t'empêche d'avancer ou qui t'empêche d'être heureux.

Maintenant, observe bien la situation. Étudie-la sous tous ses angles. Quelles émotions ressens-tu ? Affirme-les, énonce-les. Le but est de dédramatiser la situation. Pour que tu puisses te rendre compte qu'il existe des solutions. Ce n'est pas une question de vie ou de mort ? Tu peux donc agir, faire quelque chose pour la changer, non ?

Énumère quelques solutions possibles, même si elles t'apparaissent farfelues. Tu ne sais jamais ce qui peut ressortir d'une idée folle. Allez, je vais t'aider à en trouver.

De toutes les solutions que tu as imaginées, laquelle selon toi est, pour commencer, la plus facile à mettre à exécution ? Ce que j'essaie de faire, c'est de te laisser voir que tout n'est pas noir ou blanc. Tu peux être déçu, tu peux trouver ça difficile de changer d'idée. Les choses ne vont pas comme tu le voulais, les gens ne font pas ce que tu aimerais. Mais toi, tu peux faire la différence.

Ayant trouvé plusieurs solutions à ton problème, te semble-t-il moins gros maintenant ? Est-il aussi important ? Ta prochaine étape sera d'aller renforcer tes énergies pour passer à l'action, car je te trouve très fatigué ces temps-ci, c'est un peu normal, tu t'entêtes dans une situation qui ne te rend pas heureux !

Donc, place-toi en mode de méditation, écoute de la musique, sors à l'extérieur profiter de la nature. Élève ton taux vibratoire en faisant quelque chose que tu aimes par-dessus tout ! »

Après de gros changements.

J'aimerais te dire :

« Eh ben ! Je peux te parler ! Eh, que ça fait du bien, quelqu'un qui entend (rires) ! Y faut ben tous passer par là ! Je me serais attendu à encore un peu de temps. Mais, tout compte fait, je suis bien mieux ici maintenant. Je pense que j'avais pas mal fini ce que j'avais à faire. Je t'en ai laissé ! Occupe-toi-z'en (rires) !

Sans farces, la vie me manque, elle n'était pas si pire que ça. C'est juste des fois la santé, ce fichu corps physique qui nous empêche d'être totalement bien. Ici, je jardine, je fais des recettes, du ménage. On est en train de me sevrer tranquillement (rires). On tient à me donner de nouvelles habitudes.

Je suis partie bien vite. J'ai pas eu le temps de me préparer. J'espère ne pas avoir laissé trop de trouble. J'aurais pas voulu être un fardeau pour personne. Ils ont ben fait ! Je les encourage à continuer comme ils étaient partis : bien et heureux. D'où je suis, c'est ça que je veux voir.

Nous les défunts, avons ben de la misère avec la peine de nos vivants. Dans ces temps-là, on peut pas être proches de vous autres, on a comme des barrières pour les émotions. Dis à mon fils que je l'aime, que je pense à lui et que je suis contente d'avoir été sa mère (rires) !

Et pis toi, je t'embrasse bien fort et je t'envoie encore ben de la force et ben du courage pour continuer ton chemin, je ne suis pas prête à te voir tout de suite ! »

Votre ange aimerait vous dire :

« On récolte ce que l'on sème ! Qu'as-tu semé dernièrement ? Du vent ? Eh bien, tu viens de comprendre pourquoi tu récoltes la tempête ! Si tu semais de l'amour, tu serais en train de recevoir de la tendresse, du rire, de la joie...

Comment était ton humeur ces derniers temps ? Le rire attire les gens drôles. Cela attire les promotions, les gens peuvent te céder leur place au marché quand ils voient que tu as seulement un article et surtout un beau sourire. Ils veulent t'aider à comprendre, à te retrouver si tu le demandes avec un sourire. Tu peux tout avoir avec un sourire et une belle attitude.

Tu es capable de semer l'amour, la joie, l'abondance. Par un petit geste, par une parole. C'est facile de prendre de bonnes habitudes de vie. Prendre l'habitude de dire bonjour à la dame qui te sert ton café le matin, même si elle a fait une erreur ; de souhaiter une bonne journée à la gardienne, car elle aura une grosse journée avec les enfants ; de sourire en entrant au bureau au portier, au concierge, au facteur, au patron...

Imagine comment tu te sentirais à la fin de ta journée si tu semais de l'amour partout où tu passes ? Les bonnes habitudes se cultivent et se prennent aussi vite que les mauvaises. De ce que tu sèmes, tu récolteras les fruits et si tu as été généreux dans ce que tu as semé, eh bien, l'univers sera deux fois plus généreux avec toi ! »

Fais ton choix, je te guiderai.

J'aimerais te dire :

« Sois en paix ! Je vais bien. Je suis sereine avec tout ça. La vie n'est pas injuste, au contraire. Elle nous permet de nous dépasser. Et dans cette épreuve que j'ai vécue, je me suis dépassée comme jamais. La maladie n'a pas gagné, c'est moi qui ai cessé de lutter, car j'ai compris qu'un monde meilleur m'attendait. Tant que j'ai eu de l'énergie et de l'espoir, j'ai lutté, mais quand j'ai su que la fin approchait, je me suis tout simplement laissé aller, comme un petit oiseau qui s'envole.

Merci pour toutes les bonnes choses que tu m'as apprises, toutes les bonnes choses que tu m'as données. Elles me sont bien utiles ici. Je serai toujours auprès de toi. L'amour attire l'amour (rires). Ne te pose pas trop de question sur le pourquoi. Nous sommes uniques et nous avons tous un cheminement unique.

Tu as été parfaite, tu as bien fait tout ce que tu avais à faire avec moi. Il fut un temps où tu en avais beaucoup sur les bras. Nous sommes tous contents de t'avoir aidée. Aujourd'hui, de mon plan spirituel, je continue de veiller sur toi et sur la famille.

Tu ne pensais pas que je viendrais te parler (rires) ? Au contraire, c'est à moi que cela fait du bien. Si tu savais la joie que nous avons de pouvoir communiquer avec vous. Là je veux que tu prennes soin de toi, ne te laisse pas aller, il en reste d'autres qui vont encore avoir besoin de toi, je le sais, je les connais (rires) ! »

Votre ange aimerait vous dire :

« Prends le temps d'observer les gens autour de toi. Tous sont des âmes en évolution. Chacun porte en lui ses solutions. Regarde-les agir. Tu pourrais trouver, dans leurs actions, des idées pour à ton tour régler différentes petites choses dans ta vie, pour avancer comme tu le souhaiterais.

Qui adules-tu en ce moment ? Qu'admires-tu chez cette personne ? Sa réussite, son succès ? Les gens qui l'applaudissent, qui l'attendent à la sortie des loges ? Ses contrats, son gérant ? Son talent ? Sa taille ? Savais-tu que tu es aussi talentueux que cette personne ? Qu'il y a en toi autant de potentiel que n'en possède cette personne ?

Tu crois qu'elle a été chanceuse ? Non, je ne crois pas. Elle a puisé au fond d'elle-même ses forces, ses outils, son potentiel et elle l'a fait grandir. Cette personne a su profiter des opportunités et des signes que son ange a mis sur sa route, comme je fais avec toi. Alors, il n'en tient qu'à toi de te centrer sur toi-même, de faire ressortir ton talent et de saisir les opportunités que je place sur ton chemin pour devenir ce que tu souhaiterais être.

Au plus profond de toi-même, tu connais ta mission terrestre et lorsque tu as décidé de t'incarner sur terre, tu as amené avec toi tout ce qu'il te fallait pour y arriver. Tous les outils, toutes les forces, tout le courage dont tu as besoin stagnent au fond de toi, fais-les ressortir !

Tu es capable toi aussi ! »

Ralentis et réfléchis, il te manque quelque chose.

J'aimerais te dire :

« Coucou ! Tu pensais pas me parler aujourd'hui ! J'aime ça faire des surprises ! Je vais toujours bien et je continue toujours d'avancer. Même si ça fait un bout de temps que je suis partie, j'ai encore des choses à apprendre.

Je m'ennuie de vous autres. De toi. Je voulais te dire que oui, je t'entends quand tu me parles (rires). Je sais aussi que c'est encore difficile pour toi et quelques autres. Je sais que vous pensez beaucoup à moi. Je te rechoisirais n'importe quand comme maman ! Tu es de loin la meilleure (rires). Écoute les anges. Ils te parlent. C'est eux qui peuvent t'aider, bien plus que moi.

La vie bouge, parfois elle change vite et il te faut t'adapter à ces changements. Si j'étais encore là, près de toi, je tiendrais ta main le temps de ces changements. Alors, de là où je suis, c'est de l'énergie que je t'envoie. Je suis toujours là, dans ton cœur. J'existe toujours. Et ce n'est pas tout le monde qui a la même peine ou qui réagit de la même façon.

Essaie de vivre la vie comme si c'était ta dernière journée. Fais plein de choses que tu aimes faire. Sois là pour t'amuser, j'aime tellement ça t'entendre rire ! Si les autres ne vont pas à toi, alors va vers eux, arrête d'attendre et de t'en faire (rires) ! »

Votre ange aimerait vous dire :

« Que puis-je faire pour toi ? Je suis à ton service. Je peux t'aider. À voir plus clair dans une situation, dans tes émotions. Je peux t'épauler dans une relation délicate, lorsque tu veux régler des confits ou lorsque tu veux partir.

Rien ne t'attache à une personne ou à une situation. À tout moment, tu es libre de partir ou de rester. Tu n'as pas à te demander si tu fais la bonne affaire. Il faut tout simplement te demander à toi ce que tu veux. Il faut apprendre à te choisir en premier. Quand ton choix est fait, tu dois te respecter dans celui-ci. Et tu as aussi le droit de changer d'idée en cours de route.

La vie n'est pas une longue ligne droite au terme de laquelle tu dois arriver le plus rapidement possible. S'il en était ainsi, à quoi servirait de vivre sur terre ? La vie est un chemin sinueux qui ne te montre pas d'avance ce qui t'attend au prochain tournant, elle te réserve des surprises. Elle te fait faire aussi quelques détours, pour être certaine que tu aies tout vu, tout goûté, tout expérimenté.

Les choix que tu as fait hier, la semaine dernière ou durant la dernière année, ne te conviennent plus ? Bon ! Alors, on change ou on améliore, c'est à toi de choisir ce que tu veux faire. Moi, je t'attends ! Je suis patient, ne t'en fais pas. La dernière fois, cela t'a pris pratiquement une éternité avant de te décider ! (rires) J'aimerais seulement que tu te souviennes combien tu étais soulagé et heureux quand tu as finalement fait ces changements. »

Ton corps te parle, écoute-le.

J'aimerais te dire :

« Il y a bien des choses que j'aurais aimé pouvoir te dire de mon vivant. Mais on était pas habitué à ces choses-là. Pas grave, je vais me reprendre quand tu seras ici, près de moi. J'ai d'ailleurs fait la paix avec pas mal de choses. Je vais beaucoup mieux.

Je ne peux pas croire que de mon vivant je pensais que tout était blanc ou noir ! Je ne me rendais pas compte qu'il pouvait aussi y avoir d'autres émotions, d'autres choix, d'autres opinions. J'en ai longtemps voulu à l'univers d'être venu me chercher aussi jeune. Mais j'ai fini par comprendre. Mon temps était venu, on ne me l'a pas enlevé.

Oui, nous sommes réunis, et tout le monde va bien. On avance chacun à notre rythme, mais nous nous épaulons. En tout cas, plus que sur la terre. Nous parlons plus entre nous, nous dialoguons. Nous réussissons à faire la part des choses, à prendre ce qui nous appartient et à laisser ce dont nous ne voulons plus.

Nous prenons soin de vous, à notre façon. Par moments, nous envoyons de l'énergie ; à d'autres moments, nous vous réconfortons ou nous vous écoutons vous plaindre (rires). Mais nous avons encore des contacts avec vous. »

Votre ange aimerait vous dire :

« Tu sais, il faut parfois regarder derrière toi pour voir tout le chemin que tu as parcouru. Pour te féliciter des obstacles que tu as su surmonter, te féliciter de tout ce que tu as accompli. Cela te donne de l'énergie pour attaquer ce que tu as devant toi.

Les doux souvenirs sont tous dans ta mémoire et tu y a accès quand bon te semble. Ils sont là, conservés dans un endroit où ils n'attendent que toi. Bien sûr, il y a aussi tes albums photos, tes cassettes, tes bricolages, tous ces trucs que tu as gardés en souvenir peuvent raviver les images enfouies au plus profond de toi.

Prends une journée, accorde-toi ce temps pour plonger dans ces souvenirs. Vas-y au hasard. Laisse remonter en toi ces étapes de vie : les fêtes, les célébrations, les partys, ton premier rendez-vous amoureux, ton premier baiser. Ton départ de la maison, tes études, ton diplôme.

Plonger dans tes souvenirs te permet de décrocher de ce qui se passe dans ta vie en ce moment. Non pas pour fuir, mais pour oublier l'espace d'un instant les difficultés ou la monotonie. Les bons moments du passé peuvent te donner l'énergie nécessaire pour poser une action, créer un changement dans ta vie, aujourd'hui. Ces souvenirs peuvent aussi te donner le goût de contacter une personne du passé, contact qui t'emmènera possiblement ailleurs... La clé se trouve peut-être là ? »

Une femme t'apportera le message que tu attends.

J'aimerais te dire :

« Dans la vie, il faut apprendre à se faire confiance ! Attention à ce que te disent les autres. Je ne pense pas qu'ils veulent mal faire, mais des fois, ils ne pensent pas plus loin que le bout de leur nez ! Il n'y a que toi et ton ange qui savez ce qui est bon pour toi.

Je voulais te faire un gros câlin avant de partir, te dire à quel point tu étais importante pour moi. Mais je ne l'ai pas fait à mon goût. J'ai pas pu te dire à quel point tes visites étaient réconfortantes pour moi. J'ai donné tout ce que j'ai pu. Je ne pouvais pas en faire plus.

J'ai eu beaucoup de plaisir avec vous autres. J'en reprendrais n'importe quand (rires) ! Là où je suis maintenant, j'avance tit peu par tit peu. Je ne comprends pas encore tout. Je sais que j'ai du travail à faire sur moi, sur ce qu'a été ma vie. Il y a des anges, des endroits où on joue de la musique et où on est invité à participer pour guérir des blessures émotionnelles, mais je suis pas rendue là encore.

J'aime bien vous rendre visite de temps en temps. Toi, c'est quand tu es tranquille, je te vois penser et réfléchir, c'est dans ces moments-là que c'est plus facile pour moi de m'asseoir près de toi. Et il m'arrive de mettre ma main sur ton épaule pour te dire que je suis là. »

Votre ange aimerait vous dire :

« Es-tu disponible pour les gens que tu côtoies ? Je veux dire vraiment disponible ? T'arrêtes-tu parfois pour te demander : "Ont-ils besoin de moi ? Veulent-ils être avec moi ?"

Si j'étais toi, je le ferais. Cela t'arrive à toi d'avoir besoin de ta mère ? De ta femme, de ton mari ? De tes enfants, de tes amis ? Besoin de leur seule présence. D'avoir envie de partager une bonne nouvelle, de demander un conseil, de recevoir une tape dans le dos ? Ou simplement de discuter ?

Prends une pause de quelques minutes, écoute et observe. Y a-t-il quelqu'un qui t'attend, qui attend d'avoir ton attention ? Tourne-toi vers les autres, sors de ta coquille. Pour évoluer, avancer, il faut établir des contacts, socialiser. Tu es beaucoup plus équilibré quand tu échanges avec d'autres.

Lorsque tu te rends disponible pour les gens, tu peux recevoir beaucoup. Écoute leur histoire, écoute ce qu'ils ont à raconter, tu peux tellement apprendre d'eux. Quand ils auront terminé de se raconter, ils se diront que tu es une bonne personne, que tu as fait leur journée. Imagine la sensation que cela peut produire en toi d'avoir une telle importance auprès d'une autre personne. Et maintenant, tu sais que lorsque tu auras besoin de parler, une personne sera entièrement à ton écoute. »

Ouvre bien tes yeux et tes oreilles !

J'aimerais te dire :

« Je ne suis pas encore guéri. Mais je vais bien. Rien de trop éclatant, juste assez pour savoir que je suis sur la bonne voie. Continuez de prier pour moi, j'en ai besoin. Des fois, j'ai de la misère à faire la différence entre quand j'étais vivant et là où je suis maintenant. C'est fou !

Quand je suis décédé, je me sentais tout froid à l'intérieur. Il me semble que c'était long. Mais j'avais pas mal, juste engourdi. Je ne me sentais plus les doigts, la main... c'est comme si je quittais mon corps très, très lentement. Quand j'ai vu de la lumière, il s'est mis à faire chaud et j'ai tout de suite été bien. C'est grand-m'an qui m'a dit que je pouvais y aller sans avoir peur.

C'est tout. Me voici en train de te parler. Pas comme d'habitude, mais je suis là quand même. Je pense souvent à vous. Je m'ennuie, mais pas trop longtemps. Je parle pas beaucoup. J'ai pas grand-chose à dire. Sauf que vous autres, vous pouvez me parler, je vous entends.

S'il y a des choses que je ferais différemment, oui certainement, mais pas toutes. Je sais que beaucoup de gens m'ont jugé, pensant que j'avais des problèmes. Mais en fait, c'est eux qui avaient des problèmes, moi j'étais bien avec moi-même et dans ce que j'avais choisi de vivre. Je te remercie d'avoir pensé à moi. »

Votre ange aimerait vous dire :

« Tu ne peux pas avancer dans la vie si tu ne sais pas ce que tu veux. Ton âme erre ces temps-ci. On dirait que tu ne sais pas où aller, tu stagnes. Je ne peux pas t'aider si je ne connais pas exactement tes désirs. Non, je ne les connais pas.

Si tu as l'impression de tourner en rond, tu as raison. Peut-être pas dans tous les aspects de ta vie, mais sur certaines choses en particulier. Des exercices de méditation pourraient être utiles. Des conférences, des séminaires, des livres… Juste pour te donner le goût de quelque chose, pour réveiller des désirs au fond de toi.

Il te suffirait de changer une toute petite chose, de te fixer un tout petit objectif pour que ton âme prenne un chemin différent et qu'elle puisse vivre des expériences différentes. Cela pourrait t'aider à voir clair dans le reste de ta vie ? Il se pourrait que ce que tu conçois comme ne fonctionnant pas bien ne soit pas réellement la cause de ton malaise.

Faire de l'exercice éclaircit les idées. Tu pourrais faire du yoga, de la marche. En plus de te remettre en forme, cela aiderait ton âme à faire des choix, à se donner des objectifs de vie. Essaie quelque chose! Ne reste pas comme ça! Ne me dis surtout pas que tu n'es pas capable, que ça ne te tente pas! C'est toi qui demandes des changements!!!

Il faut toujours commencer quelque part… »

Prends une bonne inspiration.

J'aimerais te dire :

« Rassure-toi, je vais bien ! Je suis très occupée ! J'arrête pas une minute (rires) ! Je fais beaucoup de choses. J'essaie d'aider tout le monde du mieux que je peux, les vivants, tout comme les âmes qui sont ici avec moi.

On n'arrête pas de me montrer des choses, ils disent que j'apprends vite (rires). J'ai participé à un groupe d'âmes qui n'étaient jamais venues sur terre ; elles m'ont demandé de leur expliquer comment c'était. Je me sentais super importante ! Ça s'est bien passé, mais je sais pas quand ni où elles vont arriver.

Bien sûr que je veille sur toi et sur ma famille. Je perçois les changements, mais je sais pas toujours ce qui se passe, je ne suis plus là. Et quand je perçois quelque chose, c'est pas tout à fait comme si j'y étais.

Pour vrai, je suis vraiment bien. Plus de contraintes de rien, je suis complètement libre. On me laisse faire tout ce que je veux. Mais ça, c'est parce que je fais ma part. Je comprends ma vie, même si elle a été courte. J'ai fait ce que j'avais à faire sur terre, j'ai pas traîné. J'ai hâte que tu sois ici pour comprendre pourquoi je t'avais choisi. On s'est déjà vus dans une autre vie (rires) !

Surveille mes petits coucous, surtout dans tes rêves. Vous me manquez, je pense beaucoup à vous. Merci de penser encore à moi. »

Votre ange aimerait vous dire :

« Aujourd'hui, je te demande trois choses pour accéder à ta demande et faire de toi une personne plus heureuse et plus épanouie.

En tout premier lieu, trouve-toi quelque chose à faire. Quelque chose de différent que tu n'as jamais osé faire ou que tu n'as pas fait depuis longtemps. Fais-le sans te poser de questions, sans te créer d'attentes. Fais-le tout simplement. Pour toi.

Ensuite, la deuxième chose, trouve quelque chose à aimer. Peu importe ce que cela peut être, mais il faut que tu aimes cette chose. Fais le tour de la maison, apprécie les différents objets qui t'entourent. Profites-en pour faire du ménage. Place dans une boîte ce qui pourrait être utile à une autre personne. Arrête-toi devant une toile, un cadre, une photo et aime ce que tu vois. Regarde ta bibliothèque, passe ta main sur les reliures de livres, sois heureux d'être capable de lire...

Et la dernière chose, espère quelque chose. Émets un souhait de toutes tes forces. Prends quelques instants pour réfléchir à ce qui te ferait le plus plaisir en ce moment. Ce que tu voudrais voir se réaliser, pour toi. Cet espoir répond à un désir, à une prière et nous, dans cette autre dimension, vivons pour tes espérances, tes prières. Grâce à celles-ci, nous savons que tu es bien vivant !»

Observe la nature, elle nous donne bien des réponses.

J'aimerais te dire :

« Allo (rires) ! Si tu voyais comme on est bien ici ! J'aimerais que tu puisses voir le travail que j'ai fait sur moi ! Tu ne me reconnaîtrais pas (rires) ! J'ai cheminé beaucoup. Ici, je n'avais pas d'entraves comme sur la terre. Ici, je ne pouvais blâmer personne de mon état. Alors, je me suis prise en main, avec mon ange bien sûr !

J'ai manqué beaucoup d'opportunités sur la terre à cause de mon état de santé. Je vois maintenant tout ce que j'ai perdu en ne faisant pas attention à moi. J'ai compris que c'était moi qui avais créé tous ces états. Tu savais, toi, que j'avais besoin d'attention. À ce point-là (rires) ?

On vient au monde avec nos talents, nos qualités et nos défauts… je devrais dire ce sur quoi on a à travailler. J'en fais plus ici que j'ai pu en faire de mon vivant. Quand je te regarde, toi qui es si travaillante, je suis fière de toi. Tu comprends pas mal plus de choses que j'en ai comprises (rires).

Il m'arrive de mettre ma main sur ton épaule pour t'appuyer dans tes démarches. Comme ça, je peux t'envoyer de l'énergie et tu peux sentir mon support. Reste forte, lève ta tête, marche en ligne droite, tu vas voir comme ça passe vite ! Écoute-toi, écoute ton cœur, continue de faire le bien autour de toi. Nous sommes bien fiers de toi ici. »

Votre ange aimerait vous dire :

« Est-ce que tu es aimé ? Mais bien sûr ! Moi le premier, je t'aime. Et toi ? Est-ce que tu t'aimes ? Est-ce que tu aimes ?

Il n'y a pas de bonne ni de mauvaise façon d'aimer. Quand on aime, c'est un geste inconditionnel. Partout où il y a de l'amour, il y a du bonheur, il y a de la joie, il y a du plaisir.

Tout réussit dans l'amour, quand on s'y engage avec sincérité et honnêteté, sans demi-mesure. Nous, les anges, vivons constamment dans l'amour inconditionnel. Pour toi, pour la terre, pour l'humanité. Quand nous voulons exaucer vos vœux, nous y parvenons à grands coups d'amour.

Il faut commencer par t'aimer toi-même. Tu verras qu'en t'aimant, il ne te manquera plus autant de choses. La vie ne te semblera pas aussi difficile ou aussi injuste. Tu pourras ressentir tes forces, tu trouveras les outils qu'il te faut pour accomplir ta vie.

Ne t'éloigne pas de tes sentiments, ne te coupe pas de ton corps émotif. C'est grâce à tes émotions que tu peux mieux comprendre ta mission. Exprime tes émotions, surtout celles que tu as envers toi-même. Écris-toi une belle lettre d'amour, de reconnaissance, de fierté. Prends soin de toi, de ton âme, de tes pensées. Commence par le faire pour toi et le reste suivra ! »

Pense à toi pour une fois !

J'aimerais te dire:

« C'est vrai que mon passage parmi vous a été court. Mais je crois que j'ai fait ma part. Si je pouvais, je changerais certaines choses, comme mes opinions. Je crois que j'ai été pas mal dur sur bien des choses. Ça serait différent avec ce que je sais maintenant.

Donc, ce que j'essaie de faire en ce moment, c'est d'aider les autres à comprendre, à être plus souples dans leurs décisions et dans leurs propos. C'est pas toujours facile, il y en a qui ont l'entêtement ancré bien profondément (rires)! Maintenant, je peux dire que ça me rend triste de voir la dureté de quelques membres de ma famille et amis. Je sais que des fois, ils n'ont pas le choix...

Je suis pour la paix. On m'amène voir la source des conflits et on me montre d'où ça part. Maudit qu'on peut être ignorant et bête parfois. L'ego joue un rôle vraiment important dans ces conflits. On me montre le pardon, mais pardonner l'ignorance et l'imbécilité humaine, c'est pas facile! Mais il y a une raison pour laquelle les gens sont comme ça.

Alors, c'est sur ça que je travaille, que j'apprends, tout en veillant sur ma famille. Les gens me manquent, mais pas le plan terrestre (rires)! Si j'avais su que je partirais si tôt, j'aurais fait le choix de passer plus de temps avec certains membres de ma famille. Il ne me reste plus maintenant qu'à les attendre là où je suis. »

Votre ange aimerait vous dire :

« La musique ! Ton message se trouve dans la musique. L'univers musical renferme de belles énergies juste pour toi. En tout premier lieu, elle élève tes vibrations. Elle t'apporte de bonnes pensées positives.

Chante ! À tue-tête, bien fort, fais ressortir la star en toi ! Toutes les cellules de ton corps vont se réjouir de ces ondes vibratoires. Ta santé physique s'en portera mieux, ta tête se sentira mieux et surtout ton cœur débordera de joie !

Les ondes que dégage la musique guérissent bien des maux. Autant physiques, psychologiques que psychiques. Plus tu t'entoureras de musique, mieux tu te porteras. Et imagine qu'à travers les paroles que contiennent les chansons, je puisse te parler directement.

Eh oui ! Quand une phrase t'attire plus qu'une autre dans une chanson, c'est exactement ce que ton âme a besoin d'entendre là, maintenant. Lorsque tu dis que tu aimes telle ou telle chanson en ce moment, arrête-toi et écoutes-en bien les paroles, ce n'est pas que la mélodie qui t'attire, c'est ton âme qui comprend ce que véhicule le texte de la chanson.

Tu es entouré de signes, d'indices pour mieux comprendre ta vie, le réalises-tu ? (rires) Et la musique, c'est plaisant, tu y as accès partout. Il y en a même ici, dans la dimension céleste ! Si tu veux, je peux t'y amener lors de tes prochains rêves. Il te suffit de le demander avant de t'endormir. »

Go ! Passe à l'action !

J'aimerais te dire :

« Si tu te concentres assez fort quand il vente, tu peux entendre ma voix. Je suis dans la nature. En fait, je suis particulièrement bien dès que je suis entre les arbres ou près de l'eau. Où je suis, tout est calme. Pour ma part, je travaille avec le vent et les couleurs.

Si tu trouves un arbre plus lumineux que d'autres, c'est que j'y suis appuyé. Ne regarde pas avec tes yeux physiques, regarde avec ton âme. C'est en te concentrant que tu y arriveras. Mon cheminement dans l'au-delà se passe bien. J'ai terminé de comprendre ma venue sur terre. C'est pourquoi j'ai accès à ce plan si beau et si paisible. Ici, rien ne vient troubler la quiétude que nous y trouvons.

J'étais bien avec vous sur la terre. J'ai eu une belle vie. Je me considère très chanceux pour tout ce que j'ai eu, y compris les épreuves. J'ai aimé et j'ai été aimé. J'étais venu comprendre l'amour, apprendre à aimer et j'ai réussi ! Aujourd'hui, je vous aime encore plus fort, d'un amour inconditionnel qui ne se trouve pas sur terre. Vous êtes de belles âmes et je souhaite pouvoir vous voir évoluer encore longtemps.

Ne te questionne pas trop sur la vie, mais sois plus consciente des choses qui s'y passent. L'univers fait bien arriver les choses, les belles comme les moins belles. Sois sage ! Cela ne veut pas dire de ne pas profiter de la vie. Au contraire, cela veut dire d'apprendre de chaque chose que la vie t'envoie. Au plaisir de te retrouver sur un de ces plans quand ta mission se terminera. »

Votre ange aimerait vous dire :

« Tu ne peux empêcher la peur de t'envahir, mais tu peux l'empêcher de s'installer dans ta tête ! La peur est une émotion négative, mais elle existe pour que tu puisses t'arrêter et réfléchir. Elle est comme un signal d'alarme pour que tu puisses te questionner.

Ne travaille pas avec elle, mais ne la fuis pas non plus. Affronte-la ! Montre-lui que tu es plus fort. Que tes croyances, que ta foi sont plus fortes. Sers-toi de cette peur comme d'un levier, comme d'un défi à relever. La peur est mauvaise conseillère, ne l'écoute pas. Elle ira chercher tes faiblesses, ta vulnérabilité comme alliées.

Quand une vague de peur fait surface à l'intérieur de toi, arrête-toi, ferme les yeux et prends une grande respiration. Ensuite, écoute plutôt ton intuition, donne-lui de la force, de la puissance. Au fond de toi, tu sais ce dont tu es capable et ce qui est bon pour toi.

Là où il y a de la peur, il y a un obstacle. Je peux t'aider à le surmonter, tu n'as qu'à me le demander. Tu n'es pas seul pour affronter ces peurs, ces inquiétudes. Ne les laisse pas occuper toutes tes pensées. Ne leur donne pas autant d'importance. Cela engendre du négatif et tu n'en a pas besoin dans ta vie.

Si tu sens que tu perds le contrôle, pense immédiatement à quelque chose qui te rend heureux, qui te fait du bien. Prie-moi si cela te donne de la force. Plus tu chasseras la peur, moins elle reviendra te hanter. Maintenant, apprends à te faire confiance ! »

Les enfants sont un reflet de nous-même.

J'aimerais te dire :

« C'est vrai qu'on était bien ensemble ! La mort m'a prise par surprise. Non, je ne m'y attendais pas. Je ne pensais pas que ça se passerait comme ça. Il a fallu que j'accepte. Ce n'était pas facile. C'est pas parce que je n'ai pas essayé de revenir, mais on m'a fait comprendre que ma mission était terminée, finie ! Au début, je ne le croyais pas…

Finalement, je ne regrette pas d'avoir lâché prise. Je suis bien ici. Je peux en faire beaucoup plus que lorsque j'étais sur terre. Je peux aller vous voir, parfois entrer dans vos énergies et vous toucher, mais ça me prend quelque temps à me remettre après ça. Mon corps émotif n'est pas encore complètement détaché de vous.

Une sensation qui n'est pas agréable pour moi est celle qui me donne l'impression de ne pas avoir terminé certaines choses commencées ou promises. Mais dans mon état de conscience, j'ai parfois de la difficulté à dire ce que c'est. J'ai comme un nuage de brume qui monte quand j'essaie de le trouver. Mais je me dis qu'à un moment, ça va s'éclaircir.

Tu sais ce qui me fait du bien ? C'est d'entendre de la musique. Autant celle qu'il y a ici, que celle qui vient du plan terrestre. Quand tu en fais jouer, je me sens plus près de toi. Quand tu ris aussi ! Tes vibrations me permettent d'entrer plus facilement en contact avec toi ! »

Votre ange aimerait vous dire :

« Il me semble qu'il y a longtemps que tu ne t'es pas inscrit à un cours ? Que tu n'as pas montré le désir d'apprendre quelque chose de nouveau ? Bien sûr, ton âme vient me rejoindre toutes les nuits et je t'enseigne à préparer le reste de ta vie.

Mais concrètement ? Dans ta vie physique ? Il devrait se passer du nouveau grâce à un apprentissage quelconque. C'est à toi de décider ce qui te tente, je te laisse choisir. Ton âme a besoin de faire de nouvelles découvertes, de nouvelles expériences aussi.

Ne crois pas tout savoir ou en savoir assez. Tu ne sauras jamais assez de choses dans la vie pour t'arrêter ! Tes nouvelles connaissances vont t'amener à évoluer, vont t'amener ailleurs dans la vie. Tu as aussi le droit de refuser. Pour une foule de raisons. Mais ces raisons ne sont que des excuses.

Si tu en as les moyens financiers, inscris-toi dans une grande école ou à un séminaire très couru. Mais si tes moyens ne te le permettent pas, ce n'est pas une raison. Il doit bien traîner un livre à la maison que tu n'as pas lu ou que tu pourrais relire ? Tu as sûrement une télé avec des chaînes d'information en plus de celles qui divertissent ? Internet ? Tu vois... les connaissances peuvent s'acquérir de toutes parts.

Ton besoin actuel, ta demande, ton message se trouvent dans l'acquisition de nouvelles connaissances. »

En prenant ton temps, tu y arriveras.

J'aimerais te dire:

« Allez donc essayer de comprendre (rires)! Notre passage sur terre n'est justement qu'un passage. Il est là dans le but de nous faire évoluer dans la sphère physique des choses, dans le monde matériel. Ceux et celles qui y ajouteront un peu de vie spirituelle trouveront ce passage plus doux.

De mon côté, je veux aider les gens à améliorer cette vie spirituelle, donc à tous ceux et celles qui me le demanderont, je pourrai vous aider. Je prierai avec vous. Je sais que toi, tu crois. Tu crois qu'il y a autre chose ailleurs. Tes sens sont aiguisés. Fais-toi plus confiance. Je sais que tu cherches, tu cherches un sens à la vie. Tu donnes beaucoup, parfois même tu t'éparpilles (rires) mais, à travers tout ça, tu évolues.

Je suis fière de toi. Je suis présente avec toi. Tout ce que tu peux mettre en lien avec la lumière, avec Dieu, avec les énergies, la spiritualité, signifie que je suis là, à tes côtés. Merci de me placer dans tes prières. Moi aussi, d'où je suis, je prie pour vous. Pour que vous continuiez votre mission au mieux de vos connaissances.

Je sais que nous ne pouvons terminer dans une seule vie tout ce que la terre a à nous apporter. Alors, je prends une pause dans ce monde de lumière pour amasser de nouvelles forces et de nouvelles connaissances avant de revenir sur terre. »

Votre ange aimerait vous dire :

« Tu es dans une grande période de transformation. Les énergies de la terre changent et tu changes aussi. Tes vibrations s'élèvent tranquillement. Cela veut dire que tu dois abandonner de vieilles idées, de vieilles habitudes. Tes croyances vont changer doucement, parfois sans que tu ne t'en rendes compte.

Applique-toi à voir ces changements, à les ressentir surtout. Il ne faut pas que tu aies peur. Ne crains rien, je suis avec toi. Ne t'oppose pas au changement, cela rendrait le tout plus difficile que ça ne le devrait.

Il n'y a pas que toi qui changes, le monde aussi. Parfois, c'est le chaos, le temps que tout reprenne sa place, sa nouvelle place. Si tu avances vers ces nouvelles énergies, tes proches te suivront. Tu peux servir d'exemple. Donner l'exemple fait partie de la mission de tous.

Tout ce qui change est pour le mieux, toujours. Je ne t'enverrais pas te ridiculiser, ni ne ferais quoi que ce soit pour que tu échoues dans ta mission de vie. Tout va tellement vite aujourd'hui dans votre monde terrestre. Tu n'as pas toujours le temps de prendre conscience des périodes de transition.

Surveille bien tes rêves aussi, car dans ton sommeil peuvent aussi se préparer de grandes transformations, c'est encore plus fou! Ton âme doit s'adapter à tout ce qui s'en vient, elle pratique et pratique encore et encore. C'est pour cette raison que tu sembles te réveiller un peu plus fatigué ces temps-ci. Développe ta vie spirituelle, car celle-ci t'aidera à mieux comprendre le pourquoi de tous ces changements. »

J'ai énormément confiance en toi.

251

J'aimerais te dire :

« Je suis un peu perdue, un peu confuse. Je sais que je suis dans un autre monde, mais j'ai encore de la difficulté à m'élever dans les énergies. Je me promène encore beaucoup sur le plan terrestre, même si je sais que je n'y appartiens plus. C'est difficile.

Je comprends que je peux communiquer avec toi de cette façon. Mais je ne sais pas quoi te dire de plus. Si possible, j'aimerais que tu puisses, toi, m'aider. Envoie-moi de l'énergie, pense à moi très fort. Je suis certaine que cela va m'aider.

Je me sens libre, je me sens bien. J'ai parfois l'impression de flotter. J'ai souvent le goût de rire, d'être heureuse, mais je ne sais pas pourquoi. Je reçois ces ondes comme si je recevais des bouquets de fleurs. Ça me fait du bien. Il y a beaucoup d'oiseaux avec moi. De jolis perroquets. Ils sont pleins de couleurs. Ils sont gentils. C'est mon monde à moi.

Où je suis, je n'ai plus peur. Je n'ai plus de douleur non plus. C'est tellement bon. Je sais que quelque chose ou quelqu'un m'attend, mais je ne suis pas pressée. Maintenant, j'ai tout mon temps (rires). Je dois m'en retourner, je suis contente de t'avoir parlé. Merci. »

Votre ange aimerait vous dire :

« Si tu me poses la question, c'est que tu connais déjà la réponse. Mais il me fera plaisir de t'aider à mieux la comprendre. Si tu peux imaginer le scénario final d'une situation, c'est que tu es capable d'y arriver.

Ton esprit ne peut créer quelque chose que tu ne connais pas, ne peut te donner une solution que tu serais incapable d'exécuter. Donc, si des images montent à ton esprit en guise de réponse à ta question, c'est que tu dois avoir confiance en tes capacités de régler la situation.

Maintenant, si tu ne veux pas poser une action pour activer cette solution, c'est ton choix. Je suis derrière toi et j'attends tes ordres. J'attends de savoir ce que tu veux réellement. Rester dans cette situation ? Ou faire quelque chose pour la changer ?

Je sais que tu aimerais parfois que ce soit plus facile, plus clair. Tu voudrais que je te donne des réponses toutes faites, que je te dise exactement quoi faire.... Mais où serait le défi ? Comment accomplirais-tu ta mission ? Que comprendrais-tu de la vie ? De TA vie ? Ce n'est pas mon rôle. Ce que je suis censé faire, c'est de t'accompagner dans ton cheminement. Te dire si tu es toujours au bon endroit pour faire ce que tu es venu faire. T'encourager... mais te brasser aussi ! (rires)

Tu as surtout besoin de confirmations en ce moment. Pour que tu puisses prendre davantage confiance en toi ! »

Ne répète pas les erreurs du passé.

253

J'aimerais te dire :

« Aider tous ces pauvres gens… à la longue, c'est épuisant pour nous. Nous sommes là parce que nous vous aimons, mais nous ne sommes pas seuls à pouvoir vous aider. Il y a les anges. Ils ont beaucoup plus de pouvoirs que nous. Ils comprennent bien plus que nous.

Depuis que je suis partie, je fais mon possible pour être là pour ma famille. Mais je suis si fatiguée par moments. Une bonne dose d'énergie m'est utile. Je vous comprends, mais je sais aussi de quoi vous êtes capables. Bien plus que vous ne le pensez.

En ce moment, tu as des personnes importantes autour de toi. Elles te supportent, t'aident à avancer. Fais-leur confiance. Je t'encourage à les suivre. Écoute leurs conseils, ils ont probablement déjà passé par là, ils sauront bien te guider. Ouvre ton cœur à l'amour et pas juste à celui de ta partenaire, mais de tous ceux qui croisent ton chemin.

Je t'ai donné de mon vivant ce qu'il y avait de meilleur en moi. Puise dans cette force, puise dans cette éducation. Sers-toi de mon exemple. Tu es fort ! Fixe-toi des buts à atteindre, vois la réussite dans ce que tu entreprends. Et surtout, crois en ta bonne étoile ! »

Votre ange aimerait vous dire :

« *Remercie chaque personne qui passe dans ta vie. Celles qui t'ont fait du bien, qui t'ont aidé quand tu en avais besoin. Pense aussi à celles qui t'ont enseigné.*

Remercie aussi les personnes qui t'ont mis devant des obstacles, des conflits, qui t'ont dit non plus souvent qu'à leur tour, qui t'ont fait sentir misérable ou qui ont été complètement indifférentes à ton égard. Oui, remercie-les, car elles t'ont aidé à devenir la charmante personne que tu es. La personne courageuse et fonceuse qui se cache à l'intérieur de toi.

Encore aujourd'hui, les personnes qui passent dans ta vie ont toutes quelque chose à t'apporter. Du plaisir, de l'amour, de l'ambiguïté, des contradictions, des malaises... elles te rendent vivant !

Tu es unique, extraordinaire, tu es toi ! Tu rayonnes en ce moment même ! Tu fais la lecture de ce message et ton âme s'élève, car elle comprend. Elle se connecte avec toutes les âmes qui ont croisé ton chemin jusqu'à ce jour et elle les remercie.

Elle comprend que pour avancer, les humains ont tous besoin les uns des autres. Que sans les autres, ta vie serait... beige, terne ! Par contre, tu peux choisir entre les êtres de passage et ceux qui sont là pour rester, car tu es bien avec eux. Choisis ton monde, entoure-toi de gens qui peuvent te faire évoluer. Délaisse ceux avec qui ton âme a terminé son chemin.

Et sache que dans une autre dimension, vous pourrez tous vous retrouver un jour ! »

Passe à autre chose, à une autre étape.

CONCLUSION

En terminant, j'espère sincèrement que les messages de ce livre vous auront fait autant de bien à recevoir, qu'ils m'en ont fait à les canaliser. Je me sens privilégiée d'avoir pu établir ces contacts, autant avec les défunts, qu'avec les anges et les guides. Je remercie mon âme d'avoir fait le choix de venir au monde avec cette belle capacité.

Il n'en tient maintenant qu'à vous d'utiliser ce volume comme livre de chevet. Ayez-le toujours avec vous afin de confirmer vos intuitions ou pour vous rassurer. Vous n'êtes pas seul, j'espère que vous le savez maintenant.

Apprenez à faire confiance à votre petite voix intérieure. Ce livre est un outil que vous pouvez utiliser au quotidien afin de la développer.

Je suis déjà à travailler à un prochain livre qui vous enseignera des techniques afin d'entrer en contact avec votre ange gardien.

Pour communiquer avec moi et suivre toutes mes activités, je vous invite à visiter mon site internet : marylenecoulombe.com

Venez me rejoindre sur mes réseaux sociaux :

https://www.facebook.com/marylene.coulombe

https://www.facebook.com/groups/fanclub.
marylenecoulombe/

https://www.facebook.com/voyagesmarylenecoulombe/

Ma mission terrestre étant de faire évoluer un maximum de gens dans la vie, j'aimerais vous aider à réaliser vos rêves. Et surtout vous apprendre à développer votre potentiel humain.

Je vous invite donc à le faire grâce à mes différentes activités : conférences, ateliers, voyages thématiques et événements.

L'évolution de l'âme passe par différents aspects de la vie, que ce soit par le développement personnel, les loisirs, le plaisir ou l'apprentissage.

MARQUIS

Québec, Canada